Introdução ao Direito Romano

constituição, categorização e concreção do Direito em Roma

O Laboratório Americano de Estudos Constitucionais Comparados - LAECC procura aprofundar as discussões temáticas comparativas entre os vários sistemas constitucionais americanos. O grupo desenvolve abordagens comparativas em 4 diferentes linhas, procurando cobrir todas as dimensões materiais do constitucionalismo e fomentar a produção científica nos diversos ramos do direito, sempre primando pela abordagem de abrangência interdisciplinar.

LAECC
Laboratório Americano de Estudos Constitucionais Comparados

Saulo de Oliveira Pinto Coelho

Introdução ao Direito Romano

Constituição, categorização e concreção do Direito em Roma

2ª edição

INTRODUÇÃO AO DIREITO ROMANO

CONSTITUIÇÃO, CATEGORIZAÇÃO E CONCREÇÃO DO DIREITO EM ROMA

Apoio	Moacir Henrique Júnior
Concepção	Saulo de Oliveira Pinto Coelho
Elaboração, edição e revisão	Saulo de Oliveira Pinto Coelho
Capa	José Faleiros Júnior
Projeto gráfico e diagramação	José Faleiros Júnior

Laboratório Americano de Estudos Constitucionais Comparados
CNPJ/MF nº 33.097.820/0001-00
Rua Johen Carneiro, 377, Uberlândia – MG
CEP 38.400-070
www.laecc.org.br

Dados Internacionais de Catalogação na Publicação (CIP)

C672
2021

Introdução ao Direito Romano: constituição, categorização e concreção do Direito em Roma / Saulo de Oliveira Pinto Coelho. 2. ed. Uberlândia: LAECC, 2021.

216 p.

Inclui bibliografia.
ISBN: 978-65-88563-27-4

1. Direito Romano. 2. História do Direito. 3. Introdução ao Estudo do Direito. I. Coelho, Saulo de Oliveira Pinto.

CDU: 340/344; 341.2

Catalogação na fonte

SUMÁRIO

~ PARTE 2 ~

Apresentação

Cumpre-me a apresentação do livro do professor Saulo Pinto Coelho com o interessante título de INTRODUÇÃO AO DIREITO ROMANO. O que à primeira vista poderia parecer mais um entre tantos livros catalogados de abordagem desta temática, foge completamente ao roteiro tradicional quando observamos a forma de organização, a redação e a tomada e abordagem dos assuntos.

O que salta aos olhos na distribuição dos assuntos é que o livro não segue a armadilha reducionista de uma evolução, de linearidade dos acontecimentos e do desenvolvimento (a palavra desenvolvimento aqui usada sem qualquer pretensão de progresso) do direito romano. Há um tópico final sobre a história do direito romano, mas este tópico não segue a linha de acúmulo temporal itemizado de acontecimentos. Antes, procura despertar o interesse da leitura pela contextualização histórica do direito romano. História não é simplesmente datação. História do direito utiliza a datação para o conhecimento do acontecido.

De outro lado, há farta exploração do referencial do pensamento do direito romano. Isso mostra que o autor está preocupado com a contribuição cultural do direito romano como fornecedor de tecnologias e de formas de realização da vida humana (com o que o direito romano se estabilizou como conquista humanitária). Ousando usar o dito comum, no livro vemos o que há de *perenidade do direito romano* e como se incorporou à humanidade.

Outro ponto de destaque no trabalho que ora referenciamos é a apresentação do que é o direito romano. Entenda-se que dizer o que é o direito romano significa mostrar a disciplina com a sua arquitetura: como o saber filosófico grego senta as bases da disciplina jurídica dos romanos. Entender a base de um saber técnico pressupõe o conhecimento sobre as bases espirituais deste mesmo saber técnico.

E, ao falar de base técnica, é notável como o texto enfrenta as características essenciais do saber jurídico romano. Afinal, o saber romano foi edificado com conhecimento objetal, com domínio de finalidades, com a identificação do papel deste saber na sociedade.

Desejamos aos leitores, às leitoras, o prazeiroso momento de ler esta obra. Aproveitem....

Alexandre Walmott Borges
Professor da Universidade Federal de Uberlândia
Uberlândia, agosto de 2021

Considerações iniciais

1. A Cultura Jurídica Romana, a Hermenêutica Contemporânea e o Ensino Jurídico.

O presente trabalho, que transita entre um estudo monográfico e um texto didático, tem por mote central as contribuições da Jurisprudência Romana, o saber jurídico instaurado e aprimorado em Roma, para o desenvolvimento e ensino de uma Dogmática crítico-reflexiva do Direito Contemporâneo, enquanto conjunto de saberes referente à Teoria Geral do Direito, à Hermenêutica Jurídica, e à Teoria da Argumentação Jurídica.

Buscam-se, por meio de um estudo reflexivo, de perspectiva histórica, os princípios e fundamentos capazes de justificar o ensino da *interpretatio e da aplicatio* romana no plano atual da formação do jurista, voltado para o correto e maduro tratamento das questões caras ao Direito Contemporâneo.

O resultado deste esforço tem o caráter de uma introdução histórico-sistemática à *Jurisprudentia* de Roma.

Não há, fora da tradição jurídica ocidental, de matriz romanística evidente, respostas suficientes para a plena compreensão dos impasses e das perspectivas para o Direito brasileiro na contemporaneidade, sobretudo, nos últimos anos, com a reconstitucionalização do país e sua decisiva escolha pelo Estado de Direito, associada paradoxalmente com uma globalização econômica, ainda dissociada de uma globalização jurídica, ou da justiça[1].

Assim como o país[2], o ensino jurídico brasileiro encontra-se em um processo de profunda mudança estrutural, necessária à sua adaptação ao momento histórico. Estas inovações justificam-se, principalmente, pelo papel fundamental que possui o operador jurídico na engrenagem estatal e social das civilizações ocidentais contemporâneas, e diz respeito,

---

1 Cf. SALGADO, Joaquim Carlos. A Idéia de Justiça no Mundo Contemporâneo: fundamentação e aplicação do direito como maximum ético. Belo Horizonte: Del Rey, 2007.

2 Atravessamos um período de consolidação de uma nova ordem jurídico-social no Brasil. O Estado Democrático de Direito, que tem como pilar sustentador a dignidade da pessoa humana, impõe à realidade jurídica, assim como em todas as áreas da vida social, uma série de mudanças voltadas ao novo momento econômico e jurídico que agora presenciamos, momento este, definido por Joaquim Carlos Salgado, como de resposta ao Estado Poiético — o estado da burotecnocracia e dos superávits da balança comercial. Cf. SALGADO, Joaquim Carlos. O Estado Ético e o Estado Poiético. Revista do Tribunal de Contas, Belo Horizonte, v. 27, p. 37-68, 1998. O desafio consiste justamente em transformar o princípio da dignidade da pessoa humana em algo mais do que apenas um discurso. Consiste em fazer dele direito concretizado e concretizável sempre; realidade efetivada na vida de cada brasileiro.

necessariamente, à principiologia e à atividade interpretativa do jurista. A hermenêutica jurídica (realizando a ponte entre Teoria e Filosofia do Direito, no tratamento das questões afetas à Dogmática Jurídica) encontra-se intimamente ligada a este processo.

Tal vinculação parece-nos clara, já que, para a efetivação da idéia de Democracia, faz-se necessário o respeito ao diferente. A aceitação do outro começa pela compreensão deste na interpretação. Por sua vez, a hermenêutica não pode abrir mão da busca deste outro, no diálogo e no discurso. Hermenêutica, Direito e Democracia possuem, no mínimo, um elemento em comum: a alteridade[3].

O ensino jurídico possui um papel fundamental na formação do homem contemporâneo[4], legatário de uma

3 Importantes considerações acerca do termo alteridade e seu papel na realização da justiça encontram-se em: SALGADO, Joaquim Carlos. A Idéia de *Justiça em Kant:* seu fundamento na igualdade e na liberdade. Belo Horizonte: Ed. UFMG, 1986. Sobre o papel da hermenêutica na construção do Estado Democrático de Direito, vide: AZEVEDO, Plauto Faraco de. Crítica à Dogmática e Hermenêutica Jurídica. Porto Alegre: Safe, 1989.

4 "Vivemos num mundo jurídico. Daí a importância dos indivíduos aprenderem a dignidade da reivindicação. Aprender o direito é aprender como exigir". FERREIRA, Mariá A. Brochado. Consciência Moral e Consciência Jurídica. Belo Horizonte: Mandamentos, 2002, p. 274. A autora justifica, baseada no pensamento de Salgado e Lima Vaz, a importância da formação jurídica para qualquer membro da sociedade.

sociedade que enfrenta uma séria crise do *ethos*[5]; igualmente fundamental é seu papel na estruturação social, especialmente por influir diretamente no agir daqueles que desempenham funções ancilares em nosso modelo ocidental de sociedade: os juristas[6].

Afirma RUBENS DOS SANTOS que, ao lado do mal que representa o poder exercido como tirania, do exercício

---

5 Trata-se de crise no plano moral, em que ocorre a subjetivação da consciência moral acompanhada de uma falsa objetividade empírica das instituições que se traduz em uma moral de situação; e de crise no plano jurídico, devido à contradição entre a "superprodução legislativa acompanhada da sua ineficácia ou descumprimento excessivo", como se a edição constante de normas, cada vez mais volumosas, fosse capaz, por si só, de resolver a angústia ética de nosso tempo. Cf. FERREIRA. Consciência Moral e Consciência Jurídica, cit., p. 102 e seguintes.

6 A preocupação atual em desenvolver um conhecimento apenas operativo, técnico, da realidade, transformando tudo em instrumento a serviço da poiesis, manifesta-se também no campo do jurídico; essa razão instrumental relega a segundo plano a finalidade ética do Direito. "Operar bem uma realidade ou um sistema não equivale à sua verdadeira cognição, ou seja, não equivale à preocupação com sua essência, com seu mistério". [FERREIRA. Consciência Moral e Consciência Jurídica, cit., p.273.]. O meio jurídico, mais do que qualquer outro de manipulação do mundo natural, "necessita de justificação, pois no que se refere à natureza, o domínio desta é suficiente, mas no plano da liberdade o domínio é para, ou seja, ele não se exaure em si mesmo, tem uma meta maior, que é alcançar o melhor, o Bem". Ibidem, p. 273.

arbitrário e mal intencionado do poder,

> "há outra causa grave e solerte do desprestígio do Direito que, quando presente, logo se manifesta e se instala com efeitos semelhantes aos da tirania e da despolitização: o despreparo do jurista. Em juízes, advogados e procuradores, uma vez instalado, produz males semelhantes aos da desonestidade: desmoraliza as leis e achincalha a justiça"[7].

A formação de um jurista é determinadora da atividade hermenêutica que o mesmo irá desempenhar. Esta afirmação fica clara, se nos valemos do pensamento de HEIDEGGER e GADAMER para a compreender[8]. A sólida formação ética de um intérprete o acompanhará na interpretação que este faz do Direito, na medida em que fará parte de suas pré-concepções. Por sua vez, ao jurista, acompanhará também o conhecimento que possuir acerca da estrutura da atividade

7 SANTOS, Rubens dos. Prefácio. MAFRA, Johnny José. Textos de Latim Jurídico: organização, tradução e estudos. Belo Horizonte: Ed. UFMG, 1985, p. 9. "Esse mal costuma apresentar-se com dois trajes, às vezes sobrepostos. À falta de sólidos fundamentos lógicos, a falsa hermenêutica dobra e quebra a norma instituída e, vestindo segunda capa sobre a imundice da anterior, induz à deficiência criativa, à incapacidade de renovação que anquilosa, mutila e mata a liberdade atada a um leito de Procusto".

8 Cf. GRONDIN, Jean. Introdução à Hermenêutica Filosófica. Trad. Benno Dischinger. São Leopoldo: Ed. Unisinos, 1999.

interpretativa, pois tal "compreensão do compreender"[9] o auxiliará na identificação do *mal-entendido*[10], dos equívocos interpretativos:

> "Por isso mesmo não pode o jurista restringir-se ao conhecimento informativo das leis e de comentários que sobre elas os doutos tenham estabelecido. Tem, ele mesmo, de ser capaz de compreender o mecanismo de inter-relação dessas leis e a carpintaria de construção dos comentários. Não, de certo, para torcer e desfibrar a norma ao sabor das conveniências, mas para mantê-la confiável, plástica e vigorosa"[11].

A relação interpretação, sistematização e aplicação do Direito com a formação do hermeneuta é inter-implicativa. Para o bom desempenho pelo jurista de suas funções, é necessária uma bagagem que inclua um vasto conhecimento teórico, em que tem lugar inclusive, uma boa formação na seara da Hermenêutica. E devemos ir além, para entender – apoiados nas recentes pesquisas acerca da Hermenêutica

---

9 Cf. GADAMER, Hans-Georg.Verdade e Método. Petrópolis: Vozes, 1998.

10 Sobre o conceito de mal-entendido como importante noção de uma hermenêutica metodológica (e acreditamos que, no Direito, a hermenêutica não pode deixar de ser), cf. SCHLEIERMACHER, Friedrich. D. E. Hermenêutica: arte e técnica da interpretação. 5. ed. Bragança Paulista: Editora São Francisco, 2006.

11 SANTOS, Rubens dos. Op. cit., p. 10.

Filosófica e sua relação com a aplicação do Direito[12] - que a pré-compreensão do intérprete acerca do que seja o próprio Direito, sua função e finalidade influencia de maneira fundamental para um exercício crítico-reflexivo da atividade de interpretar e decidir sobre o sentido das normas. Essa formação acerca da razão-de-ser do Direito, sua essência e seu sentido histórico na cultura vai condicionar o rol de compreensões possíveis, portanto, o rol de decisões possíveis, e, nessa abertura hermenêutica, pesar de modo decisivo sobre o caminho, o sentido adotado, que tende, em regra, a ser tão bom e justo quanto for boa e sólida a formação ética e teórica do hermeneuta.

Assim, o ensino da hermenêutica, enquanto ensino reflexivo da ciência do direito, entendida como sistematização instrumentalizadora da atividade de concreção da ordem jurídica, parece sintetizar a relação existente entre formação do aplicador e bom exercício da atividade jurídica[13]. Portanto, a hermenêutica pode ser encarada como o saber *ancilar* entre da Filosofia e Teoria Jurídicas com a prática efetiva do direito, pautada na dogmática[14].

---

12 Cf. SALGADO, Ricardo Henrique Carvalho. Hermenêutica Filosófica e Aplicação do Direito. Belo Horizonte: Del Rey, 2006.

13 Cf. FERREIRA, Mariá. Direito e Ética: a eticidade do fenômeno jurídico. São Paulo: Landy, 2006, p. 228 e seguintes.

14 Sobre essa noção, veja-se o interessante artigo de Joaquim Carlos Salgado. Cf. SALGADO, Joaquim Carlos. Ancila Juris. In: Revista

Para os romanos, a importância da boa formação do jurista para o exercício de suas funções parece estar clara se recordamos o conceito que eles tinham de jurisprudência[15]: *divinarum et humanarum rerum notitia, iusti atque iniusti scientia*[16]. Relevando-se as várias especulações acerca do sentido deste conceito, fica claro, primeiramente, a importância que possuíam a Ciência do Direito e o jurista no contexto da civilização romana. Ao incluir, no conceito de jurisprudência, o "conhecimento das coisas divinas e humanas", mais do que revelar a íntima relação que Direito e Religião possuíam nos princípios de Roma, esta sentença expõe o reconhecimento da necessidade de se ser um sábio para dizer o Direito, ou seja, de se possuir ampla e sólida formação humanística e larga vivência social. Os jurisconsultos tinham a missão de ser os *sapiens gentium*, os sábios das nações[17]. Ao falar da Jurisprudência em Roma, MATA MACHADO, para justificar o

---

da Faculdade de Direito da Universidade Federal de Minas Gerais - Nova Fase, n. 34, 1994.

15 Nesta obra, evidentemente, a expressão será tomada, tal como em Roma, num sentido próximo ao de "ciência do direito", e não ao de "atividade judiciária", apesar de não podermos aplicar estas expressões atuais ao período romano sem cair em uma imprecisão conceitual.

16 Inst. I. 1. §1º: Jurisprudência é o conhecimento das coisas divinas e humanas, ciência do justo e do injusto.

17 Cf. MATA MACHADO, Edgar Godói da. Elementos de Teoria Geral do Direito. Belo Horizonte; Ed. UFMG, 1995, p. 58.

uso, na jurística romana, do termo 'juris-prudência', ao invés de 'juris-ciência', afirma:

> "A prudência não se confunde com a habilidade, a sagacidade, a esperteza, a solércia de que sabe 'sair pela tangente' ou 'não pôr a mão no fogo'. Virtude intelectual, era orientada para a prática, para a ação honesta, leal e justa. Situava-se entre o *logos*, ou conhecimento racional, e o *ethos*, ou conhecimento moral, entre a *theoria* e a *práxis*. [...]. É a prudência que nos ensina a escolher os meios bons para um fim bom, a aplicar aos casos concretos os princípios gerais. Virtude heróica, sem dúvida, que exige independência, destemor, pertinácia. Virtude que deve informar a atividade do juiz, do jurista, na melhor acepção da palavra. Pode levar-nos de fato ao conhecimento, à 'ciência' do que é justo e do que é injusto, do direito e do torto, do jurídico e do antijurídico"[18].

Por estas razões é que afirmamos a importância da formação do jurista, não só com base no estudo puro e simples das leis, como também em seus alicerces na Filosofia Ética, nas fontes e fundamentos do Direito, na Hermenêutica e na História da Cultura e do Direito Ocidental.

O papel fundamental desses saberes no ensino jurídico justifica-se pela natureza essencialmente interpretativa da

---

18 MATA MACHADO. Elementos de Teoria Geral do Direito, cit., p. 59.

Jurisprudência[19]; que começa no movimento de tradução da consciência ético-política para o plano normativo, por meio do reconhecimento de um valor como sendo jurídico, pela consciência jurídica; passa pela compreensão do sistema jurídico posto como universalidade histórica, por meio da Ciência do Direito, na qual a hermenêutica possui um papel sistematizador de formação do conhecimento do Direito no plano abstrato[20] e termina na hermenêutica jurídica propriamente dita, como ciência da atividade interpretativa voltada para a aplicação justa e efetiva do Direito.

Assim, o extremado tecnicismo, de viés lógico-dogmático, preponderante até meados da década de oitenta do séc. XX, aos poucos está sendo substituído por um ensino reflexivo, dogmático-axiológico. O ensino formal cede lugar à compreensão zetética do mundo[21]; a interpretação formalista

---

19 O Direito acontece (seja no plano de sua elaboração, seja no plano de sua sistematização, seja no plano de sua efetivação) sempre por meio da interpretação, entendida aqui na conotação que lhe dá Ricoeur, enquanto modo de produção de sentido que se dá na dialética entre explicação e compreensão. Cf. RICOEUR, Paul. Teoria da Interpretação. Lisboa: Edições 70, 1976, p. 83 e seguintes.

20 Aqui, apenas no sentido de conhecimento desvinculado da preocupação prática com a aplicação do Direito. Conhecimento puramente investigativo. É a ciência tipicamente desenvolvida nos Manuais da Doutrina de hoje.

21 Empregamos o termo zetética no sentido proposto por Tércio Sampaio Ferraz Júnior, não somente de busca incessante do conhecimento, mas no "questionamento dos objetos em todas as direções",

da lei, a uma hermenêutica jurídica eticizante[22]. Nesta nova perspectiva, as *matrizes jusfilosóficas do pensamento ocidental*, enquanto bases teóricas do Direito, estão sendo reinterpretadas, nelas resgatadas as preocupações conectas a este novo momento, por vezes deixadas de lado em nome da busca cega de pretensa pureza e cientificidade.

A História Romana tem muito que nos ensinar acerca do Direito, da Hermenêutica e do Ensino Jurídico. Quanto a este último (o problema do ensino), basta-nos, por não ser a finalidade imediata deste trabalho, transcrever passagem inspiradora das *Institutas* de JUSTINIANO, situada logo após o conceito de jurisprudência, já trazido ao texto:

> "Conhecidas estas coisas gerais, e começando, nós, a expor os direitos do povo romano, parece-nos que os assuntos podem ser apresentados de modo muito

a partir da investigação reflexiva, crítica e questionadora dos fenômenos jurídicos. Cf. FERRAZ JÚNIOR, Tércio Sampaio. Introdução ao Estudo do Direito; técnica, decisão, dominação. 2. ed. São Paulo: Atlas, 1996, p. 44.

22 É o que podemos perceber quando falamos de "princípios hermenêuticos dos direitos fundamentais", ou seja: uma afirmação da dimensão ética do direito por meio da atividade hermenêutica. C.f. SALGADO, Joaquim Carlos, Princípios Hermenêuticos dos Direito Fundamentais. In: Revista da Faculdade de Direito da UFMG. Nova fase. n. 34 p. 245-66. Belo Horizonte, 2001. No mesmo sentido, escreve também a professora Mariá Brochado em sua tese de Doutorado. C.f. FERREIRA, Mariá. Direito e Ética, cit., p. 228 e seguintes.

> cômodo, se cada um for tratado a princípio por um método leve e simples, e mais tarde com diligentíssima e exatíssima interpretação, porque, se desde o começo sobrecarregarmos o espírito do estudante, ainda rude e fraco, com uma multidão de variedades de coisas, de duas uma, ou o faremos desertar dos estudos, ou o conduziremos tardiamente, e com grande trabalho e desgosto, o que muitas vezes afasta os moços daquilo a que poderiam chegar mais cedo e sem grande trabalho, levados por método mais suave"[23].

No estudo da Jurisprudência Romana, vamos tentar mirar o propósito de JUSTINIANO, mesmo sabendo que toda a aquisição de saber autêntico e válido dá-se, via de regra, por meio de árduo trabalho de meditação e crítica constante, tarefa para a qual chamamos, desde já, o leitor desta obra.

Na nossa tarefa de tentar evidenciar os principais traços da Jurisprudência Romana, mais uma vez será necessário fazer valer a riquíssima simbiose entre História do Direito, Direito Romano e Hermenêutica Jurídica para problematizar algumas das questões que mais têm perturbado a Dogmática Jurídica do período contemporâneo. Buscaremos assim proceder, ressaltando, porém, que não estamos a pregar um

---

23 Inst. I, 1, § 1º e 2º, cf. JUSTINIANUS, Flavius Petrus Sabbatius. Institutas do Imperador Justiniano; manual didático para uso dos estudantes de direito de Constantinopla, elaborado por ordem do imperador Justiniano, no ano de 533 d.C. Trad. José Cretella Jr. e Agnes Cretella. São Paulo: Editora Revista dos Tribunais, 2000.

mero retrocesso a um estudo privatístico e formalista do Direito Romano. Aliás, sobre essa questão do resgate da *Jurisprudentia* romana, necessário se faz esclarecer alguns pontos de partida do debate.

Primeiramente, não podemos mais entender de modo estanque as atividades de *interpretação*, *integração* e *aplicação* da norma jurídica. A Jurisprudência (a Ciência do Direito) constitui-se como saber voltado para estes três procedimentos, que são momentos que podem ser individuados, porém jamais separados na realidade do processo atualizador do Direito. Devemos considerar como hermenêutica a atividade conjunta e inerente de interpretação e aplicação do Direito. Portanto, sujeitos dessa problemática são todos aqueles envolvidos nessa atividade, inclusive, e (por que não?) notadamente, a figura do juiz, o magistrado enquanto terceiro neutro que, na jurística romana de estrutura formular[24], tem, naquilo que vem a ser a coisa julgada, o papel de dizer o Direito na junção do momento abstrato da Lei com o momento concreto de efetivação do justo nela previsto, pela mediação das situações e experiências da vida.

Em segundo lugar, necessário é estabelecer as bases de nossa perspectiva. O pano de fundo de nossas preocupações é, na verdade, o tema da difícil superação de duas visões opostas acerca do método jurídico, construídas a partir das

---

24 Primeira e segunda fases da história do processo jurídico romano. Tais fases serão analisadas na segunda parte deste livro.

codificações modernas e ainda presentes na dogmática jurídica hodierna: por um lado, temos o ranço legalista – ou positivista-legalista[25], ou até mesmo legalista-fetichista, como da Escola de Exegese; por outro, temos a reação imediata a essa postura representada pela Escola do Direito Livre. Ambas são visões reducionistas do Direito[26], provocadas pela eleição, já na primeira fase do Direito Moderno[27], da regra legal codificada como fonte primeira da juridicidade. O problema da redução total do Direito positivo ao Direito codificado produziu efeitos nefastos nas práticas prudenciais e, a nosso ver, é também a causa de reações precipitadas que contribuíram para aumentar a miopia do Direito Moderno quanto à natureza da relação entre a atividade criativa (enquanto atividade atualizadora) do intérprete do Direito e o Sistema Jurídico, em si mesmo, codificado. Tal problema é, no fundo, o mesmo enfrentado por Betti, que motivou sua procura pelos cânones hermenêuticos, inspirados na jurística romana[28].

---

25 Cf. GILISEN, John. Introdução Histórica ao Direito. 4 ed. Lisboa: Calouste Gulbenkian, 2003, p. 515-17.

26 Cf. REALE, Miguel. Filosofia do Direito. 20 ed. São Paulo: Saraiva, 2002, p. 410-93.

27 Cf. REALE. Miguel. A nova fase do Direito Moderno. São Paulo: Saraiva, 1990.

28 Cf. BETTI. Emilio. Interpretazione della Legge e degli Atti Giuridici: teoria generale e dogmatica. Milano: A. Giuffrè, 1949. Cesarino Pessoa comunga da mesma opinião acerca do problema

Nessas visões estreitas, ou o intérprete é mera *boca da lei,* ou seja, aplica de modo avalorativo o direito codificado, procedendo – como se fosse possível – ao mero deslocamento, à mera translação, *ipisis literis,* daquela anterior valoração da realidade, produzida na regra abstrata, para o momento posterior do caso concreto, mecanicamente (é o caso paradigmático da Escola de Exegese); ou ele, reagindo ao posicionamento anterior, não tem nenhuma obrigação para com o respeito à Lei, sendo "livre" – como se isso fosse liberdade – para decidir as questões da vida do modo como percebesse ser o mais justo (é o caso da Escola do Direito Livre). No Primeiro caso, há apego exagerado à pseudo-segurança[29] da

---

motivador da construção da teoria hermenêutica bettiana: superar as limitações dos extremos paradigmáticos da jurisprudência moderna representados por essa duas Escolas. *Cf.* PESSOA. Leonel Cesarino. *A Teoria da Interpretação de Emilio Betti.* Contribuição à história do pensamento jurídico moderno. Porto Alegre: Safe, 2002, p. 89-113.

29 Assevera Plauto Faraco de Azevedo a esse respeito: "É em nome da segurança jurídica que se quer assim manietar o juiz e minimizar a função judicial. Sucede que esse juiz-computador, esse aplicador mecânico de normas, cujo sentido não lhe é dado aferir, e cujos resultados na solução dos casos concretos lhe é defeso indagar, este juiz assim minimizado e desumanizado, não é, de forma nenhuma, capaz de realizar a segurança jurídica. Preso a uma camisa de força teorética que o impede de descer à singularidade dos casos concretos e de sentir o pulsar da vida que neles se exprime, esse juiz, servo da extremada legalidade e ignorante da vida que neles se exprime,

prática de um silogismo meramente formal, o intérprete não interpreta, nem mesmo *re-produz*, é peso morto na tarefa do Direito de realizar a justiça. Já no segundo caso, teria ele de ser um super-jurista, capaz de sempre traduzir virtuosamente, e do modo mais adequado, o problema apresentado na concretude da vida, para elaborar uma regra sempre justa para cada caso – mesmo que aqueles que se submetam às suas prolações não possuam a mínima idéia prévia daquilo que ele irá declarar como justo, como lícito, e como injusto, ilícito. Em ambos os casos, temos opositora ausência de segurança jurídica, apenas que dada por motivos diferentes. Tais concepções da interpretação no Direito, que pretendemos afastar e que foram aqui representadas nas figuras da Escola da Exegese e da Escola do Direito Livre, encarnam posturas ainda hoje percebidas – ou expressamente, ou como pano de fundo referencial – na vida do direito ocidental contemporâneo. O resgate da Jurisprudência Romana, em patamar crítico-reflexivo, tem o condão de nos auxiliar na superação definitiva dessas equivocadas posturas. É que, no Direito Romano, principalmente durante o seu período clássico, "os valores éticos, as exigências da *aequitas*, estão imanentes no processo

o mais que poderá fazer é semear a perplexidade social e a descrença na função que deveria encarnar e que, por essa forma, nega. Negando-a, abre caminho para o desassossego social e a insegurança jurídica". AZEVEDO, Plauto Faraco de. Crítica à Dogmática e Hermenêutica Jurídica. Porto Alegre: Safe, 1989, p. 25.

de positividade jurídica"[30].

2. Do status basilar do Direito Romano.

Por Direito Romano, entende-se, geralmente, o complexo de normas vigentes em Roma e nos países regidos pelos romanos, desde a sua fundação (VIII a.C.) até a definitiva Codificação Justinianéia (VI d.C.), ou, mais sinteticamene, "o conjunto de normas de caráter jurídico porque se regeu a vida da sociedade romana"[31]. Tal cultura jurídica milenar, legada pela nação que realizou o grande sonho de ALEXANDRE da Macedônia (unir o mundo conhecido em um só império), chegou até nós graças, principalmente, ao esforço do Imperador Romano do Oriente, FLAVIUS PETRUS SABBATIUS JUSTINIANUS, que determinou, aos sábios de seu tempo, a consolidação, sob a forma de codificação, do legado clássico romano[32]. Contudo, sabemos que, em Roma, o momento da

30 REALE, Miguel. Horizontes do Direito e da História: estudos de Filosofia do Direito e da Cultura. São Paulo: Saraiva, 1956, p. 79. Em Salgado, essa questão é explicitada e sistematiza a apresentação dos movimentos de elaboração e aplicação do direito, tal como racionalizados a partir de Roma, cf. SALGADO. Joaquim Carlos. A Idéia de Justiça no Mundo Contemporâneo, cit., passim.

31 MONCADA, Luís Cabral de. Elementos de História do Direito Romano. Coimbra: Coimbra Editora, 1923, p. 8.

32 Na verdade, "aquilo que se chama Direito Romano corresponde historiograficamente a uma síntese de vários elementos entre os

Lei não se dá de modo isolado e nem se efetiva na realidade imediatamente. Por isso, em verdade, o Direito Romano é mais que um conjunto de regras jurídicas, é, sobretudo, também um conjunto de estruturas conceituais, categorias e princípios jurídico-intelectivos, que formam o arcabouço formal e material do Direito, entendido como momento de máxima racionalização da justiça.

O Direito Romano, primeiro sistema jurídico propriamente dito e origem de grande parte dos ordenamentos jurídicos atuais[33], destaca-se como tema de investigação de grande relevo na atualidade[34]. É fundamental ao estudante de

---

quais se incluem tanto o ius romanus mais antigo, com seus procedimentos formais e suas leges actiones, como o ius civile amadurecido do período clássico e ainda as variações que abrangem o ius gentium e o ius honorarium, tudo isso ligado a um conjunto de conceitos e princípios tornados modelares pelo trato secular". SALDANHA, Nelson Nogueira. Teoria do Direito e Crítica Histórica. Rio de Janeiro: Freitas Bastos, 1987, p. 49.

33 Cf. ARAÚJO, Aloízio Gonzaga de Andrade. Direito e Estado como Estruturas e Sistemas. [Tese de Doutorado], Belo Horizonte: Faculdade de Direito da UFMG, 2001. O autor verifica uma identidade estrutural entre o Direito Romano e todos os demais ordenamentos jurídicos presenciados na História ocidental.

34 DINIZ, Márcio Augusto de Vasconcelos. Interpretação no Direito Romano. Disponível em: <www.pgmfortaleza.ce.gov.br/artigos/vol6/vol06artigo11.htm>; acesso em: fev. 2004, p. 1: "Este Direito não sucumbiu junto com a civilização em que foi gerado,

Direito, inserido nesta nova ordem constitucional, o conhecimento a respeito da tradição romanística, ainda hoje presente na cultura jurídica.

Percorrendo os movimentos de experiência da consciência jurídica em Roma[35], evidencia-se que a racionalidade do Direito já se encontra formatada, em suas estruturas iniciais, na jurística romana. Em outras palavras, em Roma, encontramos a *matriz racional do Direito:*

> "É como tal justamente que ele é e continuará sendo também, não só entre nós, como lá fora, o mais consumado e perfeito instrumento de cultura história e científica do direito, cabendo-lhe, ainda hoje, um largo papel educativo na formação do espírito e do pensamento jurídicos modernos"[36].

Apontaremos, baseados principalmente na análise central de MONCADA a esse respeito, três considerações para afirmar a utilidade e a importância do estudo do Direito Romano ainda hoje.

1. O fato de o Direito Romano ser, ainda hoje, a mais

---

mas projetou-se no pensamento jurídico desde a Idade Média até o século XIX.".

35 Cf. SALGADO, Joaquim Carlos. A Experiência da Consciência Jurídica em Roma. Belo Horizonte: Movimento Editorial da FDUFMG, 2001.

36 MONCADA, Luís Cabral de. Elementos de História do Direito Romano. Coimbra: Coimbra Editora, 1923, Prefácio.

importante fonte material[37] **do direito moderno, influindo consideravelmente sobre o conteúdo dos sistemas normativos atuais.** Mesmo com a drástica evolução tecnológica da civilização contemporânea nos últimos oitenta anos (a partir da Primeira Grande Guerra), esta afirmação, feita na década de vinte, permanece válida e, a nosso ver, reforçada pela presença cada vez maior da estrutura da Ética ocidental nos diversos cantos do globo terrestre, notadamente no que tange à Justiça Formal[38]. Mesmo em outras civilizações contemporâneas, esta influência de conteúdo (possibilitada pela implementação da estrutura jurídica ocidental nessas culturas[39]) sobreviveu, visto que se adaptou, às mudanças profundas de conteúdo axiológico, tanto no que tange às mudanças nas culturas ocidentais nos últimos dois mil anos, quanto no que tange às novas culturas com as quais travou novamente contato, sobretudo a partir do imperialismo moderno. Ainda hoje, encontramos inúmeros institutos jurídicos, cujo

---

37 Se é que podemos nos referir com precisão a fontes materiais do direito, questão inclusive interessantemente debatida por Saldanha em sua Sociologia do Direito. Cf. SALDANHA. Sociologia do Direito, 5. ed. Rio de Janeiro: Renovar, 2005, p. 143-57.

38 Entendida tal como a conceitua Joaquim Carlos Salgado.

39 Para uma interessante leitura acerca da problemática questão da exportação e importação do Direito Europeu nas Américas, nas diversas culturas orientais e na África, veja-se o ensaio de Direito Comparado de ERIC AGOSTINI. *Cf.* AGOSTINI, Eric. Direito comparado. Trad. Paulo Ferreira da Cunha. Porto: Res Jurídica, 2001.

conteúdo identifica-se de forma intensa com o Direito do Lácio:

> "Ora, o conhecimento deste direito não pode deixar de ser de grande utilidade no estudo dessas legislações e no exercício das diversas profissões jurídicas, podendo concorrer muitas vezes para uma melhor inteligência das leis modernas na determinação do sentido de muitas das suas disposições"[40].

2. **Sua vocação para uma estrutura científica**, que faz com que, malgrado o espírito prático do saber jurisprudencial em Roma, o interesse no Direito Romano vá além da imediata análise específica de sua identificação com os institutos jurídicos modernos. Não apenas a estrutura básica dos conteúdos dos direitos, mas notadamente a estrutura fundamental do raciocínio jurídico nos foi herdada dos romanos.

> "É que o direito romano é indiscutivelmente, como já se tem dito, o ponto de partida de todo o estudo científico do direito. O jurisconsulto encontra aí uma escola consumada de lógica e de raciocínio jurídico"[41].

---

40 MONCADA. Elementos de História do Direito Romano, cit., p. 10.

41 Ibidem, p. 11. E ainda acrescenta: "Com efeito, a coordenação sistemática das relações jurídicas elaboradas por esses jurisconsultos, a definição rigorosa das diferentes categorias do pensamento jurídico por eles criada, o vigor e a sutileza das suas noções sobre as coisas do direito e, enfim, a perfeição da sua técnica e da sua terminologia jurídicas, tudo isso constitui ainda hoje, nos seus elementos

> Mais que os conteúdos normativos, são legatárias incontestes do Direito Romano a estrutura formal do direito ocidental e o respectivo raciocínio jurídico organizado, advindo do seu conhecimento[42]. Evidentemente, um sistema interpretativo consistente acompanhou a formação desta racionalidade jurídica e fomentou o que podemos chamar a *categorização do direito*. Este direito categorizado revela-se na Justiça Formal e na Justiça Material; nesta última, a aplicação do Direito atribui à hermenêutica uma função ancilar na busca de efetivação do justo, como veremos. Se o Direito Romano constitui a gênese e o pilar sustentador dos atuais ordenamentos jurídicos ocidentais – como o Direito italiano, o alemão, o francês e os ordenamentos jurídicos ibero-americanos –, a *Interpretatio* representa a matriz histórica da *Lógica* jurídica, entendida como lógica da aplicação/interpretação do direito; e, por conseguinte, é a *Interpretatio* matriz interpretativa do Direito Ocidental.

3. O valor histórico e filosófico de seu estudo na formação cultural do jurista e a influência deste estudo para a compreensão do fenômeno jurídico e hermenêutico. Trata-se de um

---

fundamentais, e diga-se o que se disser, o quadro de todo o estudo verdadeiramente científico do direito em si mesmo."

42 Devemos, porém, fazer uma distinção clara entre o modo romano de conhecer e aplicar o direito (uma prudência prática, tópica, dialética) e a organização e abstração cada vez mais acentuada do direito, dada a partir da recepção do Direito Romano e da eclosão do jusracionalismo moderno.

direito rico e monumental em virtude da importância que exercia na sociedade romana e do inédito percorrer de mil e trezentos anos em que se experimentou uma "rica variedade de fases de desenvolvimento". Particularmente ao hermeneuta, este caminhar histórico de um sistema jurídico por séculos e séculos, adaptando-se às mais diferentes estruturas políticas e à evolução axiológica por que passou a civilização romana, representa oportunidade única de reflexão acerca de uma questão essencial da ciência jurídica: a *atualização*[43] do Direito. Veja-se:

> "O direito, como todas as outras manifestações de vida dos povos, como a arte e a literatura, sendo simultaneamente um produto da consciência e das condições de existência e desenvolvimento das sociedades, modifica-se e varia constantemente em função das modificações que, a cada momento, se produzem em todos os outros

---

43 Devemos tomar o termo atualização no sentido que lhe atribui Emilio Betti, ou seja, enquanto atividade de, no movimento que vai do direito objetivo à sua realização em ato na aplicação do mesmo, promover a adequação coerente desses dois momentos do Direito. Essa busca de coerência e adequabilidade entre a dicção em abstrato do direito e a sua dicção em concreto foi erigida em cânone hermenêutico por Betti, a partir da sua verificação no repertório prudencial romano. Para um aprofundamento da questão, cf. PESSOA, Leonel Cesarino. A Teoria da Interpretação de Emilio Betti. contribuição à história do pensamento jurídico moderno. Porto Alegre: Safe, 2002.

> fatores da vida social"[44].
>
> O estudo histórico do Direito Romano é, neste sentido, fundamental para a compreensão de como o Direito evolui, tendo em vista suas próprias características, quais sejam a universalidade, a imperatividade e a atributividade – consubstanciadas, de certa forma, na idéia de lei –, que, numa primeira análise, poderia indicar uma certa incapacidade do Direito de evoluir constantemente, cumprindo seu compromisso ético de realizar o justo a cada decisão. Surge, daí, a importância da função atualizadora da interpretação e do exemplo romano acerca desta questão.

O Direito é fenômeno histórico-cultural. A análise da evolução histórica da estrutura jurisprudencial ajuda-nos a contextualizar e entender melhor o presente, bem como as perspectivas futuras. É com base nessa análise que procuraremos entender a *Interpretatio* como esquema do pensar jurídico.

"Nos alicerces do direito pátrio está o Direito Romano"[45]. Não só como fonte história dos institutos jurídicos, mas, conforme pretendemos demonstrar, como matriz teórica das ciências jurídicas e, assim, da Hermenêutica Jurídica contemporânea; indispensável instrumento na busca de uma formação sólida do jurista, capaz de o preparar para enfrentar os

44 MONCADA. Elementos de História do Direito Romano, cit., p. 13.

45 MAFRA. Textos de Latim Jurídico; organização, tradução e estudos, cit., p. 10.

novos desafios que sempre se apresentam àquele que busca a efetivação do justo.

3. Considerações acerca da dimensão ética da aplicação do Direito em Roma.

Como dito *supra*, não só um conhecimento de Hermenêutica é fundamental à formação do jurista. O contrário também é verdadeiro: a própria formação do jurista é fundamental à hermenêutica que ele realiza, enquanto atividade de interpretação-aplicação do Direito. Os romanos já intuíam que uma base ética sólida possibilita ao aplicador a captação dos valores éticos objetivados em seu tempo e a tradução desses, por meio da consciência jurídica, em *ius suum*, no momento da aplicação, contribuindo, assim, na consolidação da Idéia de Justiça, que tem, na sua essência, a busca pela efetivação dos valores.

A Jurisprudência romana revela a base de uma visão ética da aplicação do Direito enquanto instrumento possibilitador da idéia de justiça, capaz de fornecer os fundamentos para uma formação sólida do aplicador.

É possível extrairmos, das máximas romanas, princípios teóricos de aplicação do Direito, sempre voltados para a postura aqui descrita. Podemos começar por uma das distinções entre *ius naturale* e *ius civile* (direito natural e direito positivo, ou seja, do povo romano, da *civitas*) que podemos encontrar nos textos romanos:

> "Ius pluribus modis dicitur: uno modo cum id, quod semper aequum et bonum est, dicitur, ut est jus naturale; altero modo quod omnibus aut pluribus in quacumque civilitate utile est, ut est jus civile"[46].

Veja-se que a nota da eticidade encontra-se também na valoração romana da lei:

> "Bonna est lex, si quis ea legitime utatur"[47].

A eticidade atinge as ponderações acerca da sua aplicação do Direito, da determinação de sentido normativo:

> "Non dubium est legem committere eum, qui verba legis amplexus, contra legis nititur voluntatem [...]. In fraudem vero facit qui, salvis legis verbis, sententiam ejus circumvenit"[48].

---

46 Dig. 1; I; 11: "Toma-se o direito em diversas acepções: uma, no sentido de que é sempre bom e justo, como é o direito natural; outra, no sentido de que é útil para todos ou para muitos em qualquer cidade, como é o direito civil".

47 Paul. A Thimoth. 1, cap.1, v.8: "A lei é boa, desde que dela se faça uso legítimo". Apud BAPTISTA, Francisco de Paula. Compêndio de Hermenêutica Jurídica. In: Hermenêutica Jurídica: edição cuidada por Alcides Tomasetti Jr. – São Paulo: Saraiva, 1984 (Clássicos do Direito Brasileiro; v.3), p. 3.

48 L. 5, C; de legib: "Não há duvida de que infringe a lei quem, respeitando as palavras da lei, desvia-lhe o sentido". L. 29, ff; de legib: "Labora efetivamente em fraude quem, respeitando as palavras da lei, desvia-lhe o sentido". Apud BAPTISTA. Compêndio de Hermenêutica Jurídica, cit., p. 47.

E na eqüidade,

> "Placuit, in omnibus rebus praecipumam esse justitiae aequitatisque, quam stridti júris, rationem. Eligemdum est quod minimum habet iniquitatis"[49].

De tal forma que, na jurística romana, um princípio como o da supremacia do interesse público nunca deixaria de ter uma conotação ética, evitando o risco de significar a derrocada do respeito à individualidade,

> "Quod communiter omnibus prodest, hoc privatae utilitati praeferendum"[50].

Após um estudo acerca do processo de racionalização do Direito em Roma, que passa necessariamente pela investigação acerca do aparecimento da consciência jurídica na experiência romana, poderemos retomar a questão da contribuição da jurística romana no que tange à interpretação e à preocupação ética da aplicação efetivamente justa do direito. Poderemos perceber que os romanos cultivaram esta preocupação no seio do desenvolvimento de um sólido modelo

---

49 L Placuit, 8, Cod; de iudiciis.: "Houve-se por bem que, em todas as coisas, predominasse mais a razão da justiça e da eqüidade do que do estrito direito". L. Quoties, D; de dol. mal. et met. Except, 44, 4: "Deve-se escolher o que tenha o mínimo de iniqüidade". Apud BAPTISTA. Compêndio de Hermenêutica Jurídica, cit., p. 17.

50 L. única, C; de caduc. tolen.: "À utilidade privada deve preferir-se aquilo que aproveita a todos". Apud BAPTISTA. Compêndio de Hermenêutica Jurídica, cit., p. 50.

interpretativo.

4. Itinerário da Obra.

Feitas estas considerações, resta-nos, de momento, esboçar o caminho (*odhos*) que percorreremos para realizarmos um estudo da Jurisprudência em Roma com olhos voltados para as contribuições que esta traz para o ensino reflexivo da dogmática nos dias de hoje (*meta*).

Começaremos por estudar a formação da Jurisprudência romana, sob o prisma reflexivo, que parte da observância acerca do aparecimento da consciência jurídica em Roma, e pela conseqüente categorização e sistematização de toda uma estrutura de efetivação de direito, que dali se desdobra. Primeiramente, refletiremos sobre as contribuições da razão grega para a formação do Direito, só possível em Roma. Em seguida, nossa atenção debruçar-se-á sobre o fenômeno, único até então, de tomada de consciência da juridicidade, que se deu na experiência jurídica romana, na passagem da consciência moral à consciência jurídica. Segue-se uma análise dos elementos formadores da juridicidade, primeiramente observados em Roma, bem como da principiologia deontológica básica a eles correlata. Passa-se a um estudo da sumarizada categorização do Direito, que possibilitou a construção de uma Ciência do Direito em Roma e que lançou as bases da *interpretatio* enquanto saber interpretativo dos fenômenos jurídicos, construído na experiência romana, enquanto método de criação, ordenação e aplicação do Direito, em rica interação com o problema da *aplicatio*. Tal característica pressupõe, portanto, uma conceituação da *interpretatio*, em uma perspectiva voltada para os seus momentos históricos na experiência romana, seguida de uma ponderação sobre sua mensagem no que tange à efetivação do justo por meio de uma aplicação funcional-finalística e eticizante do Direito.

A esta primeira parte, de caráter preparatório, seguir-se-á uma segunda parte, que consiste num estudo da Jurisprudência em Roma, inserido no panorama do caminhar desta civilização por sua história, nos diferentes momentos de sua cultura jurídica. Dividindo o Direito Romano em fases, apontaremos as principais características de cada uma delas no que tange aos procedimentos construtivos, interpretativos e aplicativos do direito. Parte-se da hermenêutica esotérica dos Sacerdotes romanos, refletindo sobre as mudanças possibilitadoras da Jurisprudência Clássica Romana – berço da jurística contemporânea – e estudando suas estruturas e características, terminando com o ponto de chegada da vivência jurisprudencial romana na experiência codificadora de Justiniano.

Neste estudo histórico-reflexixo, daremos ênfase à compreensão dos processos hermenêuticos e de sua interação com as estruturas formais de construção e de aplicação do Direito, procurando evidenciar as ricas aquisições da experiência jurídica romana para a razão jurídica ocidental.

No desenrolar deste panorama histórico da Jurisprudência em Roma, cuja descrição é o grande objetivo deste trabalho, procuraremos compreender as principais *estruturas de realização do Direito* por meio da elaboração, sistematização e aplicação do mesmo (ou seja: da constituição, categorização e concreção do *ius suum*), desenvolvidas em Roma, que serão apresentadas de forma a se harmonizarem com o respectivo momento histórico da experiência jurídica romana.

PARTE I

Racionalidade do direito em Roma

1. O Legado grego e o Gênio romano.

Muito já se disse sobre a peculiar situação cultural dos romanos, que possibilitou a construção não só do grandioso e milenar Estado Romano[1], mas também do mais duradouro e sólido sistema jurídico de que se tem conhecimento.

A obra de Eugène Petit antecipa as implicações da íntima relação do romano com o modo grego de pensar. Primeiro, o jurista francês ressalta a influência do *logos* grego na consolidação do modelo jurídico baseado na noção de *Lei*, em Roma, confirmado por meio da paradigmática Lei das XII Tábuas[2].

---

1 Mesmo se tendo ciência do posicionamento de importantes investigações acerca da origem do Estado – que somente aceitam o uso da expressão "Estado Romano" a partir da Idade Moderna –, utilizaremos tal expressão porque facilita a referência à organização política romana e, ainda, devido ao fato de o presente trabalho não ter a discussão desse tema como objetivo.

2 PETIT, Eugène. Tratado Elemental de Derecho Romano. Buenos Aires: Editorial Universidad, 1999, p. 48-50. Ressalta o autor a importância desta vocação para o universal, mostrando a importância da Lei das XII Tábuas para a consolidação da civilização romana: "por grandes que fuesen las imperfecciones de la ley de las XII tablas, realizó un verdadero progreso. En lo sucesivo, había una ley pública, aplicable a todos, y, si es cierto que una nación está constituida cuando tiene una legislación que rige a todos los ciudadanos,

Em seguida, Petit observa que esta influência deu-se não só na afirmação da Lei, mas na própria construção da ciência jurídica[3]. Depois, interpreta a codificação justinianéia como sendo um importante momento de encontro entre o querer abstrato da lei e o saber racional da ciência jurídica, uma vez que, na codificação, os princípios teóricos dos jurisconsultos foram condensados na forma abstrata da Lei[4].

Mas ninguém expressou tão bem quanto JOAQUIM CARLOS SALGADO a influência do momento cultural romano e do agir reflexivo dessa sociedade na construção de uma

---

puede decirse que la ley de las XII tablas muestra realmente la fundación de la ciudad romana".

3 PETIT. Tratado Elemental de Derecho Romano, cit., p. 55: "Hacia el fin de la República, la autoridad de los prudentes toma una nueva fuerza con la filosofia griega, que, después de una oposición temporal del senado y de los censores, fue profesada libremente en Roma. El estoicismo, sobre todo, tiene pronto los más ilustres adeptos entre los romanos, a los cuales agradaba su severa moral, sus elevadas doctrinas, que enseñan a amar la virtud por sí misma. Los jurisconsultos encontraron en él una noción nueva: la de un derecho innato, fundado sobre la razón y superior a las leyes escritas, al jus emanado de las prescripciones del legislador. Así aprendieron a atemperar por la equidad lo que las lógicas deducciones del derecho civil primitivo podían tener de demasiado rigurosas. Por último, pidieron a la filosofía griega un método más científico, que ejerció una feliz influencia sobre sus trabajos y sobre los de los jurisconsultos del período siguiente". É interessante o apontamento que Petit faz acerca da obra do jurisconsulto Q. Mucio Scévola, vejamos: "Scévola, el primero que, utilizando con provecho el método de Aristóteles, ensaya presentar una exposición sistemática de los principios del derecho". Idem, p. 56.

4 PETIT. Tratado Elemental de Derecho Romano, cit. p. 68-9.

racionalidade propriamente jurídica:

> "Esse processo de universalização da cultura jurídica romana não é algo inexplicável. É verdade que a índole desse povo desde o início era marcada por traços característicos de sua cultura que mais tarde se revelaria. Entretanto não se pode desprezar além dos fatores sociais, da complexidade social, econômica e da burocratização do Estado a que refere Weber, que Roma e os povos do sul da Itália traziam consigo um modelo grego de cultura vocacionada para o universal. A busca do universal caracterizado na unidade e permanência, que se desenvolveu entre os gregos no plano teórico e prático no campo da Ética, contribui, na civilização romana, de modo expressivo para a formação do Direito, que se faz não a partir de um fato contingente, mas pela unidade da pluralidade dos fatos. Dizer o Direito, impô-lo à conduta, formulá-lo, laborá-lo tecnicamente e intelectualmente em categorias e ordenação é o que fez o gênio romano"[5].

A partir desta observação, concluímos, com MONCADA:

> "As semelhanças e pontos de contato com o direito helênico não precisam, com efeito, para serem explicadas, da hipótese de uma embaixada à Grécia. Trata-se de afinidades de civilização e de tradições jurídicas que se explicam pela existência de um fundo ético comum, indo-europeu, como se explicam as semelhanças de língua e

5 SALGADO. A Experiência da Consciência Jurídica em Roma, cit, p. 21-2.

religião, entre romanos e gregos"[6].

Ditas as semelhanças, parece haver alguma diferença entre os gregos e os romanos que fizeram estes desenvolverem um sistema jurídico tão fenomenal. É que, além de sua vocação para o universal, os romanos tinham suas ações e interesses voltados para a prática e a vida cotidiana, para o desenvolvimento e expansão de sua sociedade – uma preocupação pragmática[7], muito mais que os gregos. No campo da interpretação, estas características são levadas a cabo numa forma

---

6 MONCADA. Elementos de História do Direito Romano, cit., p. 60.

7 "Parece efetivamente haver uma diferença de concepção profunda entre as normatividades/juridicidades grega e romana. Digamos, a benefício de inventário, que o Direito como ente epistemológico autônomo terá fundido o pragmatismo da normatividade romana arcaica (que o gênio romano preservaria) com o carácter mais intelectual da jusfilosofia helênica, que considerava as leis (não os simples "decretos" ou "legislação", coisas votadas – psephismata) com uma função educativa e cívica". [CUNHA, Paulo Ferreira da. Retórica e Hermenêutica nas Origens do Direito. Disponível em <http://www.hottopos.com/videtur17/pfc_retdir.htm> acesso em: fevereiro de 2004, p. 17]. "Além disto, as qualidades dominantes do gênio romano, a muitas das quais Roma deveu, mais tarde, o segredo de seus sucessos, estão também já profundamente gravadas, como o é natural, no espírito das suas instituições jurídicas de direito privado. O espírito conservador e supersticioso do romano, o seu profundo senso prático e utilitário, o amor da disciplina, a dureza instintiva do soldado, o seu espírito lógico e a propensão da sua inteligência, sem largos vôos, para formular só conceitos simples e bem delimitados das coisas, explicam, com efeito, a estrutura e o sentido de todo seu sistema jurídico." [MONCADA, Luís Cabral de. Elementos de História do Direito Romano. Coimbra: Coimbra Editora, 1923].

de resolver as questões preocupando-se com a especificidade de cada questão: *Interpretatio illa sumenda quae magis convenit subjectae materiae*[8]; *Quoties idem sermo duas sententias exprimit, ea potissimo excipiatur, quae rei gerendae aptior est*[9].

Os romanos precisavam criar uma estrutura social que não podia contar apenas com uma eticidade no plano moral do dever, era preciso desenvolver a vocação do *ethos* para o plano objetivo, que, como veremos, só encontra lugar no desenvolvimento de uma consciência jurídica. Isso se dá, sobretudo, pela introdução do elemento *subjetividade* na vida ética, que, tendo aparecido na totalidade ética grega como elemento desintegrador daquela cultura, encontra em Roma sua primeira forma política de afirmação, na idéia de direito subjetivo[10].

---

8 Deve ser tomada a interpretação que mais convém à matéria em foco. [Menoch; Consil; 179, nº 14.] Apud BAPTISTA, Francisco de Paula. Compêndio de Hermenêutica Jurídica. [Hermenêutica Jurídica: edição cuidada por Alcides Tomasetti Jr.]. São Paulo: Saraiva, 1984 (Clássicos do Direito Brasileiro; v.3), p. 20.

9 Todas as vezes em que a mesma frase exprime dois significados, deve-se aceitar, preferentemente, aquele que é mais apto para exprimir o sentido no caso concreto. [Dig. L. 67, de regul iuris.]. Apud BAPTISTA. Compêndio de Hermenêutica Jurídica, cit. p. 34.

10 Sobre essa questão: cf. HEGEL, G. W. F., Fenomenologia do Espírito. 4. ed. Petrópolis: Vozes, 2007, p. 307-35. Para uma leitura da questão num plano jusfilosófico, cf. SALGADO, Joaquim Carlos. O Aparecimento do Estado na 'Fenomenologia do Espírito de Hegel'. Revista da Faculdade de Direito da UFMG. n. 17, 1976, p. 178-93. Bem como, cf. SALGADO, Joaquim Carlos. A Idéia de Justiça em Hegel. São Paulo: Loyola, 1996, p. 279-85.

Acreditamos que esta é a diferença fundamental: os romanos usaram a razão universalizante com os olhos voltados para a vida prática, enquanto os gregos permaneceram por muito na filosofia teórica e, quando voltaram seus olhos para a filosofia prática, fizeram-na sem se preocupar em criar mecanismos de aplicação das reflexões desenvolvidas, certamente por não precisarem destes mecanismos, por lidarem com a questão do agir como sendo um problema apenas da interioridade, enquanto dever sedimentado na *paidéia*[11] religiosa e costumeira de sua arraigada formação ética como membro da Cidade (e não como sujeito de prerrogativas individuais), em virtude do modelo social grego, que permaneceu como cidade-estado até sua decadência. Já os Romanos, em virtude de sua vocação para uma estrutura cosmopolita, procederam de modo diferente.

De qualquer modo, a contribuição grega para a formação posterior do Direito é fundamental. Após refletir sobre a importância para o Direito da descoberta do *logos* pelos gregos, PAULO FERREIRA DA CUNHA observa a posterior contribuição da filosofia antropológica inaugurada por SÓCRATES:

> "Este caos primordial das águas é o mesmo caos primordial do discurso. E pode ver-se no empreendimento anti-sofístico (sendo a sofística uma má retórica: ao serviço de qualquer causa, não da verdade – *rectius*, da sua procura, empreendimento mais dialéctico que retórico) o primeiro passo para a

11 Sobre a educação do homem grego, voltada para a vida em total comunhão com a Polis, cf. JAEGER, Werner. Paidéia: a formação do homem grego. 4. ed. São Paulo: Martins Fontes, 2001.

> separação das águas, e para a ordem do discurso (ordem não só técnica, mas ética). Este alerta pode ver-se já no diálogo de Platão *Górgias*, cujo tema geral é, precisamente, a Retórica, assumindo Górgias a defesa de uma Retórica sofística. O Direito, enquanto disciplina autônoma, nasce, assim, curiosamente, como uma espécie de resgate da boa contra a má retórica"[12].

Ao desenvolver uma consciência jurídica (veremos adiante), fica clara a vocação de Roma para o universal, herdada dos gregos de forma espontânea. O que talvez tenha sido influência direta dos gregos, por meio do posterior contato das culturas, foi a capacidade helênica de abstração, consubstanciada na idéia de lei escrita[13], que veio somar-se ao gênio romano. Tanto é que não foi difícil para os romanos assimilarem a idéia de Lei escrita, pois a abstração advinda desta encaixava perfeitamente no esquema de universalidade da consciência jurídica romana. Porém, como veremos, em Roma, essa abstração, no plano da experiência jurídica, enquadra-se não como ponto de chegada do Direito, mas como importante e indispensável momento, que, no entanto, somente encontra sua plena realização e efetivação no movimento de concreção da vivência plena dos direitos

12 CUNHA, Paulo Ferreira da. Retórica e Hermenêutica nas Origens do Direito. Disponível em <http://www.hottopos.com/videtur17/pfc_retdir.htm>. Acesso em: fevereiro de 2004, p. 4.

13 Podemos perceber, já no ius non scriptum romano, uma conotação universalizante, que, incompleta, encontrava-se no movimento de aquisição de consciência jurídica, caminhando necessariamente para a idéia de Lei. Cf. MOREIRA ALVES. Direito Romano. Rio de Janeiro: Forense, 2000, p. 81.

subjetivos[14].

2. Da consciência moral à consciência jurídica em Roma.

Podemos entender essa diferença entre os sistemas éticos grego e romano por meio da superação da consciência moral pela consciência jurídica na experiência romana.

Consciência (*conscientia – scientia + cum*) significa "saber com". A professora MARIÁ BROCHADO traz-nos importante definição acerca do sentido que toma essa expressão quando falamos do agir ético. Em termos gerais,

> "consciência significa a reflexão que o sujeito capaz de razão faz no sentido de se desdobrar e recuar para se observar e se julgar. É a nós mesmos que a consciência toma como testemunhas"[15].

A consciência moral, então, situada no processo dialético intelectivo-prático do agir ético, será assim definida no pensamento de Pe. VAZ:

> "HENRIQUE DE LIMA VAZ define consciência moral como a reflexão que fazemos sobre nós para sabermos se agimos ou não de acordo como o bem. Ela é escolha e responsabilidade, a norma última e responsabilizadora do ato moral. É o ato que unifica, opera e ordena a coerência no tempo e no espaço da nossa vida ou na história

14 Cf. SALGADO. A Idéia de Justiça no Mundo Contemporâneo, cit, p. 37-40.

15 FERREIRA. Consciência moral e Consciência Jurídica, cit., p. 45.

anterior da nossa vida moral"[16].

Ocorre que, após o aparecimento de um novo tipo de organização política, cujo expoente é o Império Romano,

> "o mais viável historicamente é o desenvolvimento de uma ciência jurídica (enquanto tal, mais pragmática) calcada na relação entre direitos, entre sujeitos de direito, que não são mais indivíduos no sentido grego, mas que se tornam figuras morais essenciais na cultura ocidental contemporânea"[17].

Na base desta mudança da estrutura das relações interpessoais está o desenvolvimento de um agir ético calcado na objetividade, que se apresenta como tomada de consciência de uma ordem jurídica. SALGADO assim descreve este movimento da aquisição de consciência jurídica:

> "A consciência jurídica é definida formalmente como superação da consciência moral. Não é apenas o conteúdo ou o objeto da consciência que define a consciência jurídica. O valor que é jurisdicizado, como no caso da captação de certos valores pela consciência como jurídicos, é elevados à categoria de direitos materiais. Essa valoração só é possível porque a consciência que valora tem uma estrutura *a priori* para propiciar a valoração. Ora, a consciência jurídica que capta o jurídico no valor só o faz por ser formalmente específica. Há uma forma da consciência jurídica enquanto consciência que assume a exterioridade do objeto jurídico na sua

16 Ibidem, p. 85.

17 Ibidem, p. 202.

> exigibilidade e universalidade. É a consciência jurídica que torna possível universalizar o valor como abstrato e como singular pertencente a cada um como próprio e exigível. É, pois, uma condição a priori transcendental que torna possível a valoração do justo e do injusto"[18].

Continua SALGADO afirmando a natureza declarativa, constitutiva, desta consciência.

> "É, enfim o valorar da realidade segundo o critério da ordem e da justiça, o conhecer dessa realidade normatizada e o reconhecer desse sistema de normas jurídicas como válidas"[19].

A consciência jurídica evolui da consciência moral na medida em que o dever-ser da consciência moral é subjetivo e, no máximo, se afirma como uma consciência externa que se autodetermina. Já a consciência jurídica ultrapassa essa barreira, adquirindo o *status* de um *universal*, na medida em que o sentido de dever-ser está posto, declarado não como um *eu*, mas como um *nós*, que reconhece uma prerrogativa como sendo não só um dever-ser para si mesmo, mas também, e ao mesmo tempo, como um dever-ser do outro. E vai além, sabe

18 SALGADO. A Experiência da Consciência Jurídica em Roma, cit., p. 19. A estrutura a priori, condição transcendental de que fala Salgado aqui, seria a própria noção de princípio em Kant: "Princípio é um conhecimento que dá fundamento a outro conhecimento. É a priori quando seu fundamento é a própria razão. É nesse sentido o começo da série do conhecimento, observado o seu significado original". SALGADO. A Idéia de Justiça em Kant: seu fundamento na Liberdade e na Igualdade. Belo Horizonte: Ed. UFMG, 1995, p. 195.

19 Ibidem, p. 8.

da consciência deste outro que também reconhece o sentido de dever-ser (bilateralidade), nos demais, e que, portanto, tem que reconhecer em si mesmo esse sentido. Por isso, por estar posto por um *nós* (nós, inseridos na ordem normativa, temos juntos e ao mesmo tempo, objetivamente, os direitos e, portanto, seus correlatos deveres) e saber do necessário reconhecimento gerado por essa positividade, adquire esta consciência o caráter de exigibilidade e passa a se centrar na figura do sujeito de direito, tornando-se jurídica e, assim, capaz de uma efetivação por meio do detentor do direito. É o que SALGADO denominou "experiência da consciência jurídica" que é primeiramente observada em Roma.

PAULO FERREIRA DA CUNHA ilustra bem este acontecimento do mundo romano, por meio de uma interessante comparação entre os símbolos grego e romano da Justiça e do Direito. Senão vejamos:

> "Ignoremos por comodidade o facto, hoje cada vez mais plausível, de que a venda da Justiça romana pode nunca ter existido (o que prejudica a argumentação em causa, mas apenas parcialmente). Assim mesmo, é incontrovertível que uma deusa da justiça como as gregas *Themis* ou *Diké*, sem fiel da balança (sem juiz singular) e apenas isonômica (horizontal), mas armadas de espada, representam uma realidade epistemológico-normativa anterior e menos desenvolvida que a deusa romana *Iustitia*, com fiel da balança (simbolizando o pretor), desinteressando-se, mais intelectual, da espada punitiva, e exprimindo-se lingüisticamente, mesmo em termos populares pelo que é recto, *de(di)-rectum*, direito, numa visão vertical.

Apesar de se firmarem na Grécia as mais velhas raízes do Direito propriamente dito, estas imagens não podem deixar de exprimir que a realidade helênica pouco acompanharia as reflexões filosóficas que viriam a inspirar os Romanos.

Asim, o direito grego pode posar para a História como 'ainda não direito', como postividade ainda sincrética, fase que só o Direito Romano, e sua deusa mais discreta e mais rigorosamente medidora iria superar"[20].

3. Bilateralidade, exigibilidade e procedimentalidade – os princípios estruturantes possibilitadores da actio.

O traço marcante do movimento estudado de *juridização* das relações sociais em Roma, a passagem de uma consciência moral para uma consciência jurídica, é exatamente a modificação na estrutura ética das relações de convivência. O que realmente marca a aquisição de juridicidade não é o conteúdo (de dever-ser) material em si, mas a forma, a estrutura deste dever-ser, enquanto conduta já posta como exigível, por meio do recurso ao aparelho jurisdicional. Assim, o que define um ordenamento jurídico é a forma pela qual as regras são postas, esta é a grande contribuição dos romanos, que marca o aparecimento do sujeito de direito, e que tem

20 CUNHA. Retórica e Hermenêutica nas Origens do Direito, cit., p. 5. Posiciona-se no mesmo sentido, o professor Aloízio Gonzaga de Andrade Araújo, que afirma ser o Direito Romano o sistema jurídico, onde primeiro se verificou a estrutura do Direito. Cf. ARAÚJO. Direito e Estado como *Estruturas e Sistemas*, *cit.*, p. 202.

implicações evidentes na hermenêutica jurídica.

As notas essenciais da arquitetura lógico-conceitual do Direito podem, a partir da reflexão de SALGADO sobre a experiência jurídica romana, ser explicadas na identificação a partir de três grandes princípios de caráter estruturante[21], verdadeiras condições de existência de um ordenamento jurídico: o *princípio da bilateralidade*, o *princípio da exigibilidade* e o *princípio da procedimentalidade ou do terceiro neutro*. Àquele que interpreta o Direito, é sempre bom ter claro estes elementos da juridicidade:

3.1 – Bilateralidade – ius et obligatio sunt correlata.

Este princípio do Direto aparece, na sua feição jurídica (como bilateralidade universal-atributiva), primeiramente em Roma. O romano passa a ter conhecimento do direito como sendo um *nós* (como já visto). Parece-nos, então,

21 Estas estruturas essenciais que abordaremos são, por Salgado, chamadas de categorias essenciais ou estruturantes do Direito. Entendemos que elas são também princípios lógicos por possuírem importantes implicações no plano deôntico. O professor Salgado, na verdade, apresenta tais princípios como elementos da juridicidade. Nós, aqui, os apresentamos como princípios porque acreditamos que, observados de um ângulo interno à ordem jurídica, eles se mostram como princípios lógicos a orientar qualquer atividade cognitiva do Direito, o que não invalida, de forma alguma, ao contrário reafirma, a sua condição de elementos; apenas que assim se apresentam se refletimos sobre a juridicidade, de cima dela, como o fez Salgado nas obras sobre as contribuições romanas à Idéia de Justiça aqui trabalhadas.

evidente a necessária bilateralidade do Direto. Sempre que se tem um sujeito detentor de direito, teremos outro, ou outros, obrigados a um dever.

> "O Direito coloca face a face pelo menos dois sujeitos; e a ambos fornece a norma de conduta, no sentido de que aquilo que é possível para uma parte não pode ser impedido pela outra"[22].

Acrescenta SALGADO:

> "Obrigação e faculdade, imposição e pretensão formam uma unidade determinativa do direito e a bilateralidade passa a ser a pedra angular do edifício jurídico. O direito refere-se ao outro; não, porém, a um outro passivo, senão armado de uma faculdade que se torna invencível"[23].

Devemos ressaltar, porém, que a bilateralidade, enquanto princípio estruturante do Direito, deve ser entendida como um universal presente na própria estrutura do sujeito de direito. Ora, se sou detentor de direito, porque sei do reconhecimento no outro deste direito como válido para todos, formando um *nós*, então, sou também, necessariamente, detentor de deveres, pois também reconheço direitos no outro:

> "Não se pode restringir a bilateralidade ao esquema técnico-jurídico de sujeito ativo e sujeito passivo da relação jurídica. A relação jurídica não deve ser entendida no

---

22 DEL VECCHIO, Giorgio. Lições de Filosofia do Direito. Coimbra: Armênio Amado, 1979, p. 371.

23 SALGADO. A Experiência da Consciência Jurídica em Roma, cit., p. 39.

> seu momento abstrato e particular, do confronto de duas partes em que uma tem dever e a outra o direito, mas além dessa relação do entendimento, no movimento dialético da razão pelo que o sujeito de direito se manifesta como o universal concreto e no qual se dá tanto o direito subjetivo como o dever jurídico, pois só é sujeito de direito diante do outro, se é também, portador do dever jurídico diante desse outro"[24].

Guarda, também, a bilateralidade, relação privilegiada com duas das categorias de existência ínsitas ao Direito: as pessoas e as coisas[25]. Só é pessoa aquele que pode ser sujeito nesta relação bilateral do Direito, como sujeito universal sempre portador de direitos e deveres, (ainda que seu direito seja apenas o direito universal à *actio*[26]). Temos, então, as categorias do *jus ad rem*, onde a bilateralidade se dá *erga omnes*, e a categoria do *jus ad personam*, em que ela se manifesta *inter partes*[27].

3.2 – Exigibilidade.

É a exigibilidade condição de existência da própria bilateralidade em sua dimensão jurídica (como bilateralidade universalizante do direito subjetivo), não mais centrada numa relação com base no *dever* (ordem moral), onde quem recebe

24 Ibidem, p. 40.

25 Sobre essas categorias, Cf. SALGADO. A Idéia de Justiça no Mundo Contemporâneo, cit., 71-6.

26 SALGADO. A Experiência da Consciência Jurídica em Roma, cit., p.36-38.

27 Ibidem, p. 39.

o bem é totalmente passivo na relação bilateral (não recebe direito, mas uma caridade, o benefício do cumprimento do dever moral). Ao contrário, a ordem jurídica é centrada numa relação bilateral com base no sujeito de *direito*, em que este é sujeito ativo, pois tem seu direito tutelado com base no princípio da exigibilidade[28].

A exigibilidade desdobra-se no princípio da irresistibilidade do Direito. Vejamos:

> "A irresistibilidade por sua vez faz com que o dever jurídico não possa não ser cumprido e completa o sentido da exigibilidade instaurada na outorga do direito do sujeito, de modo que o cumprimento do dever não só não depende da espontaneidade unilateral do sujeito do dever, na qualidade de sujeito passivo, mas faz do sujeito uma força aparelhada"[29].

A par de uma teoria meramente coativista do Direito, não estão, aqui, a irresistibilidade e a exigibilidade, reduzidas a

---

28 Ibidem, p. 43: "A exigibilidade do direito não pode ser entendida separadamente das outras categorias como a bilateralidade. São momentos de um todo. É, contudo, a exigibilidade que caracteriza a nova concepção de justiça, trazida pela jurística romana, pela qual o sujeito de direito não é mais o destinatário passivo do sujeito ativo e unilateral do dever moral, ou do ato fundado na mera consciência moral subjetiva do agente moral, dependendo de sua decisão, nem mais posto como objeto de realização do sentimento de uma certa caridade ou piedade humilhantes, mas detentor da actio que dele faz sujeito universal, portador de um direito que define ou determina o dever (antes moral) como seu conteúdo e redime-o de relação de sentimento (não dever) da caridade".

29 Ibidem, p. 44.

uma noção de "empírica manifestação da força". O Direito não é coação, ele se afirma e se legitima, como vimos acima, pela *aceitação*, reconhecimento ínsito no processo da consciência jurídica. A mera força, não legitimada enquanto estrutura de realização da bilateralidade atributiva, pode, inclusive, atuar contra o Direito. O princípio da exigibilidade define-se por uma necessária fundamentação, uma razão que justifica o aparelhamento da consciência jurídica. Em suma, traduz-se pela condição se de poder exigir de modo estruturado e aparelhado toda prerrogativa que for atribuída como direito, e, em última análise, em razão de seu desdobramento no princípio da *irresistibilidade*, pela impossibilidade de desrespeito à decisão jurídica racionalmente posta como definitiva.

3.3 – Procedimentalidade ou princípio do terceiro neutro.

Não basta à realização plena do Direito e, portanto, da consciência jurídica, apenas o momento de positivação abstrata deste na Lei. Se assim fosse, sequer poderíamos falar de consciência jurídica:

> "Trata-se, ainda, de captar na experiência da consciência jurídica romana uma consciência jurídica formal que dê a juridicidade do valor tribuível, ou seja, como momento da singularidade do processo jurídico efetivado no sujeito de direito portador da *actio*"[30].

O meio pelo qual é possível a exigibilidade do direito,

30 Ibidem, p. 46.

realizando-se, assim, na bilateralidade, a juridicidade, é um momento racional de equilíbrio desta bilateralidade, que caracteriza a essência da força vinculada ao direito como força serviente à razão; é o procedimento jurisdicional, onde o terceiro neutro completa o caráter universalizante da juridicidade, pois a decisão não é mais tomada por uma razão individual (de uma moral individual), mas por uma razão universal[31] centrada na figura do magistrado. Este é o momento máximo de realização do justo, consubstanciado na *actio*, ponto de chegada da experiência romana:

> "No processo de aplicação, essa consciência formalmente jurídica, caracterizada pelas categorias fundamentais do direito, mostra-se com toda a sua especificidade como consciência que não se revela interiormente na individualidade particular do aplicador, mas se remete para a exterioridade do outro e se afirma como consciência de um terceiro neutro a efetivar a singularidade ou universalidade concreta da universalidade abstrata da lei"[32].

O princípio do terceiro neutro vai permear todo o Direito, orientando, muitas vezes, o próprio modo de positivação deste. Ele se desdobra numa Justiça Formal e numa Justiça Material. Por meio de ambas, dos momentos de dicção do direito, (*juris-dictio*, tanto na elaboração das regras, quanto na aplicação das mesmas) são preparados e sustentados

31 Evidente que, aqui, estamos falando da universalidade dentro de uma cultura histórica.

32 SALGADO. A experiência da Consciência jurídica em Roma, cit., p. 47.

(legitimados) por um procedimento racional. No primeiro caso (Justiça Formal), esse procedimento consiste em toda uma estruturação de competências e exigências extrínsecas de imparcialidade inseridas no próprio Direito (traduzidas em princípios como o da competência prévia; da garantia do contraditório; do impedimento e da suspeição, da obrigatoriedade de motivação e fundamentação, etc). No segundo caso (Justiça Material), remete a todo um arcabouço de raciocínios e procedimentos cognitivos, interpretativos e valorativos, que visam a garantir a máxima coerência entre os direitos declarados e os direitos efetivados, bem como entre estes e os vetores axiológicos reinantes no momento histórico de sua realização[33].

Esse assunto nos remete também à questão da *processualidade* do direito, que é diferente do princípio da procedimentalidade. Pela processualidade do Direito, verifica-se que o mesmo é um instrumento que visa a realizar, no plano histórico, na realidade, a idealidade histórica de uma cultura. Nesse sentido, o Direito, como todo processo, visa a um fim, a concretização de valores culturais. Mas, na verdade, o fim do Direito está sempre situado em um horizonte histórico[34],

---

33 Sobre a Justiça Formal e a Justiça Material em Roma, cf. SALGADO. A Idéia de Justiça no Mundo Contemporâneo, cit., p. 101-252.

34 Esta é uma das questões desenvolvidas pelo professor Jose Luiz Borges Horta em sua tese de doutorado. Apoiado na tese de Salgado sobre a idéia de justiça em Hegel. Cf. HORTA, José Luiz Borges. Horizontes Jusfilosóficos do Estado de Direito. Tese de Doutorado. Belo Horizonte, 2002. Veja-se também: SALGADO, Joaquim Carlos. A Idéia de Justiça em Hegel. São Paulo: Loyola, 1996.

pois também esses fins fundantes do Direito se revelam e se desenvolvem na história[35]. Por isso, a *processualidade* (o termo historicidade não seria mal empregado aqui) surge como aspecto essencial do Direito, que não pode ser conceituado apenas como dever-ser, mas como produto cultural de interação dialética entre esses dois planos. A *procedimentalidade* traduz-se nas formas intrínsecas e extrínsecas, presentes no Direito para a efetivação racional e coerente dos valores históricos. Já a *processualidade* é a nota, a marca do Direito, na sua interação com a realidade, enquanto fazendo parte, ele mesmo, dessa realidade. A polarização entre ser e dever ser representa a próprio devir do Direito enquanto estrutura de efetivação de sua própria racionalidade, que é a Justiça[36].

4. Categorização do Direito.

O movimento de aquisição de consciência jurídica em Roma, somente possível em virtude da influência do *logos* grego no gênio romano, revela a natureza universalizante do Direito; primeiro na universalidade da lei, depois na universalidade da aplicação, racionalmente construída por meio da

35 Sobre essa questão, cf. REALE, Miguel. Invariantes Axiológicas. Revista Brasileira de Filosofia. Vol. XXXIX; fasc. 167. São Paulo, jul.-set., 1992, p. 224-93.

36 Sobre a "idealidade do Direito e sua processual inteligibilidade", cf. SALGADO. A Idéia de Justiça no Mundo Contemporâneo, cit., p. 87-94. Para uma diferente (porém complementar) perspectiva desse caráter ideal do direito, cf. HORTA, José Luiz Borges. Horizontes Jusfilosóficos do Estado de Direito, cit., p. 3-29.

actio[37].

> "A consciência jurídica opera o trânsito da consciência moral do justo, isto é, do sujeito do dever moral para a consciência do justo centrada no sujeito de direito, segundo a expressão do *ius suum* da definição de Ulpiano, e mostra a natureza recognitiva e atributiva de um sujeito universal, um nós, quer no processo de elaboração, quer no de aplicação, cuja decisão se fundamenta racional e objetivamente na norma jurídica"[38].

Da universalização do justo na Lei (*Ius*) à efetivação deste na decisão (*iurisdictio*), por meio da *actio* (o poder de agir na defesa e na exigência do direito), o gênio romano vai, progressivamente, categorizando o saber do Direito e desenvolvendo, de forma conjunta, uma "arte" de interpretar, de conhecer para aplicar, a que damos o nome de *interpretatio*, num sentido mais restrito, e Jurisprudência, num sentido mais amplo[39].

A categorização do Direito, sua ordenação racional e

---

37 SALGADO. A Experiência da Consciência Jurídica em Roma, cit., p. 22-3.

38 SALGADO. Prefácio. In: FERREIRA. Consciência Moral e Consciência Jurídica, cit.

39 "Desse modo, o direito é visto pelo romano não apenas como formalização pela vontade da autoridade que o põe na existência, mas pelo momento do encontro do conteúdo justo, do equilíbrio, feito pela *ratio*, tanto no momento da elaboração como no da aplicação. Daí, a prudência romana expressa em densa síntese por um porta-voz do tribunal dos mortos: conhecer a lei é captar sua força e potestade, sua *ratio* (Celso)." SALGADO. *A Experiência da Consciência Jurídica em Roma, cit.*, p. 23.

conceitual, não é uma premissa *a priori* do fenômeno jurídico. Surge, antes, como resultado da necessidade de instrumentalização para aplicação da regra de direito, e deve sair do plano abstrato para se realizar na vida, procedendo coerentemente nesse movimento.

Analisemos, com SALGADO, como este modo de pensar vocacionado para o universal dimensionou a experiência da consciência jurídica romana[40], no caminho acima apresentado.

Em Roma, podemos entender como o processo de aquisição de exigibilidade, de consciência jurídica, é necessariamente acompanhado de um processo de racionalização do Direito em decorrência do pensar de institutos e princípios fundantes por meio de uma categorização. Vejamos:

> "Os romanos souberam como nenhum outro povo fazê-lo, através da ordenação sistemática de categorias formais (lei) com que se estabeleceram as instituições jurídicas na disciplina do caos social, e depois através das categorias reais. Categorias formais ou simbólicas (lei) e categorias reais que substituem os símbolos por definições científicas, ou seja, em vez de imagens,

40 "A experiência da consciência jurídica romana é o lugar do nascimento das categorias fundamentais do Direito e da explicitação da justiça como idéia do Direito. Não se quer, com isso, dizer que o romano as tenha formulado tal como as desenvolvemos como, por exemplo, a bilateralidade em Del Vechio, mas que o Direito Romano construiu toda a sua essência ética, de modo a tornar possível a sua explicitação terminológica na Ciência do Direito que se desenvolveu na modernidade". SALGADO. A Experiência da Consciência Jurídica em Roma, cit., p. 34.

conceitos"[41].

O grande resultado de todo este movimento é o aparecimento, no seio destas categorias jurídicas, de noções universalizantes: as categorias jurídicas e os princípios teóricos. Estas noções universalizantes encontram, na *prudentia* e na *interpretatio*, o seu modo de ser, pois é por meio de um raciocínio prudencial que essas categorias contribuem, tanto para construir, como para explicar, quanto para aplicar o direito.

A consciência moral evolui para a consciência jurídica, evolução esta que só foi possível com o desenvolvimento paralelo de uma Ciência do Direito visando, inicialmente, a uniformizar a sua aplicação. Deste processo paralelo, entre o reconhecer do Direito, seu pensar na busca de uniformização, e o aplicar, realizando efetivamente a justiça, nasceu a *Juriprudentia* (enquanto *interpretatio e aplicatio),* como saber que organiza e estrutura o Direito e sua efetivação, implícito no movimento da experiência romana.

> "A incerteza do costume e a sua menor fixidez na expressão do direito, somadas à natural tendência do poder público constituído para monopolizar a declaração oficial das suas normas, são a origem da lei como fonte de direito. Nela adquire o Direito, enfim, uma forma mais rigorosa e uma expressão mais estável; e se a estes caracteres da lei pode corresponder, é certo, o perigo da sua tendência para a imutabilidade, fazendo paralisar o natural movimento da evolução jurídica, aparentemente enquadrado nas leis em fórmulas fixas e

41 Ibidem, p. 34.

> definitivas, a este inconveniente faz por outro lado face um constante trabalho de readaptação de direito às condições reais da vida, trabalho efetuado principalmente pela interpretação dos textos legislativos, pelos magistrados e pelos jurisconsultos"[42].

A *Jurisprudentia* diz respeito, basicamente, à atividade de duas personagens da história jurídica romana: os magistrados e os jurisconsultos.

Os primeiros realizavam a tarefa preponderante de atualizar o *ius civile* costumeiro; os últimos, cuja atividade é mais importante no período do Direito Clássico, em que as fontes do Direito eram múltiplas e variadas (os costumes; a própria atividade dos magistrados, seus éditos; as fórmulas antigas do *ius civile* quiritário; as novas *leges* republicanas, e, posteriormente, as prescrições imperiais), realizavam a atividade de conciliar todas essas fontes na busca de cognição e aplicação justa da ordem normativa. Dos jurisconsultos, pode-se dizer mais, contribuem também na medida em que teorizavam sobre a atividade de aplicação, refletindo acerca dos procedimentos utilizados pelos magistrados e os auxiliando, bem como revelando estes procedimentos por meio dos motes teóricos expressos em máximas: os "princípios teóricos" dos jurisconsultos, que muitas vezes diziam respeito à atividade de interpretar e aplicar o Direito.

---

42 MONCADA. Elementos de História do Direito Romano, cit., p. 54.

5. Os Princípios materiais ou axio-deontológicos revelados pelo Direito Romano.

Apesar de, em Roma, já percebermos uma distinção entre a moral e o Direito (*nom omne quod licitum honestum est*). Ainda é estreita esta relação no Direito, não mais por haver uma indissociabilidade destas atmosferas normativas (ao cabo da experiência romana, já é possível identificar a ambiência propriamente jurídica e a ambiência moral, como vimos[43]), mas porque são, antes, ambas atmosferas da Ética. Portanto, guarda o Direito um caráter essencialmente ético, não por ser ele mero subsidiário da moral, mas porque a dimensão ética é inerente ao próprio Direito, que deve ser encarado, segundo a lição de SALGADO, como ponto de cumeada do processo histórico da Ética ocidental, deve-se ressaltar[44].

Por isso, a *eticidade* romana representa a base axiológica do seu Direito, consubstanciado nos três princípios extraídos da notabilizada máxima "*praecepta juris sunt haec: honeste*

43 Dig. 1; I; 11: Ius pluribus modis dicitur: uno modo cum id, quod semper aequum et bonum est, dicitur, ut est jus naturale; altero modo quod omnibus aut pluribus in quacumque civilitate utile est, ut est jus civile. "Toma-se o direito em diversas acepções: uma, no sentido de que é sempre bom e justo, como é o direito natural; outra, no sentido de que é útil para todos ou para muitos em qualquer cidade, como é o direito civil".

44 Corrobora esse entendimento, além da obra de Salgado, A Idéia de Justiça no Mundo Contemporâneo, a também já citada tese de doutoramento de Mariá Brochado, cf. FERREIRA, Mariá Aparecida Brochado. Direito e Ética, cit.

vivere, alterum nom laedere, suum quique tribuere"[45]. Temos, então, os princípios da *recta conduto* ou honestidade; do *non laedere* ou responsabilidade; e da legalidade distributiva ou justiça distributiva, o *suum tribuere.*

Nota-se que as três máximas que aqui tomamos como base valorativa do Direito Romano estão formuladas como deveres. Faz sentido, porque elas dizem respeito a toda a Ética. Mas, no Direito, temos que entender que estão postas segundo a estrutura de bilateralidade universal. Assim, se devo viver honestamente, posso esperar das demais pessoas que ajam honestamente para comigo; adquiro o direito à boa-fé, ou, pelo menos, a proteção quanto à má-fé de terceiros. Se não leso, adquiro o direito a não ser lesado, ou à reparação do dano a mim causado por outrem. Se procurar respeitar o que é do outro, devo ter sempre os meus direitos respeitados, se devo procurar a cada um dar aquilo que lhe é justamente devido, possuo, em correlata disposição, toda a plêiade de direitos que me deixam em condição de exigir o que me é devido.

5.1 – *Honeste Vivere.*

Quanto ao primeiro princípio, o da honestidade, ele guia a elaboração e a aplicação das normas jurídicas e, de certa forma, é o meio pelo qual se realiza o fim do Direito.

É visando a garantir o estabelecimento de uma ordem justa, que o Direito deve zelar para que as relações entre os

---

45 Inst. I, 1, §3.

homens baseiem-se na honestidade e boa-fé de cada um.

> "Non dubium est legem committere eum, qui verba legis amplexus, contra legis nititur voluntatem [...]. In fraudem vero facit qui, salvis legis verbis, sententiam ejus circumvenit"[46].

Por isso, o imperador-filósofo MARCO AURÉLIO meditou o seguinte:

> "Tenha sempre boa vontade, não menospreze o interesse geral, que o Deus que está em ti proteja um ser viril, venerável, um cidadão, um romano, um chefe, um homem que disciplinou a si próprio, e cuja palavra dispensa juramento e fiadores. É bem melhor ser reto do que retificado"[47].

SALGADO explica o sentido deste princípio quando afirma:

> "*Honeste vivere* é uma regra ética no sentido amplo. Envolve tanto a moral, quanto o direito e é princípio de boa-fé. Ela implica em dois momentos na sua execução, ou seja, o *honeste* significa, em primeiro lugar (como primeiro momento) viver segundo a reta razão, a sua consciência e, num segundo momento, o objetivo, e que é o objeto dessa consciência, os bons costumes. Os bons costumes são, para os romanos, jurídicos, são mesmo

46 L. 5, C; de legib: "Não há duvida de que infringe a lei quem, respeitando as palavras da lei, desvia-lhe o sentido". L. 29, ff; de legib: "Labora efetivamente em fraude quem, respeitando as palavras da lei, desvia-lhe o sentido". Apud BAPTISTA. Compêndio de Hermenêutica Jurídica, cit., p. 47.

47 MARCUS AURELIUS. Meditações. São Paulo: Martin Claret, 2001, p. 29.

> conteúdo da lei (*lex*) ou do direito de modo amplo. O *honeste vivere* é desse modo abrangente do direito e da moral, de tal modo que o romano previu a possibilidade de conflito pela limitação do direito em circunstância concreta, ou seja, no caso do conflito do lícito e do honesto, segundo a regra de Paulo (*non omne quod licitum honestum est*). Esse é o momento de aplicação em que é necessário a ponderabilidade, vale dizer, o equilíbrio, o igual peso, a eqüidade, na medida em que se implementa a regra jurídica do conteúdo ético que está na sua finalidade, mas que não pode muitas vezes ser estabelecido em regra legal. [...] Isso é feito na interpretação, no momento da aplicação concreta da norma jurídica"[48].

Honeste vivere é, pois, um princípio que manda respeitar os pactos (respeitar o fundamento e a finalidade dos acordos, contratos, ajustes, das leis e, em última instância, em termos contemporâneos, da Constituição), buscar a eqüidade (o sopesamento e a ponderação dos interesses legítimos e direitos em jogo) e reprimir a má-fé (a simulação e dissimulação, a lesão, o desvio de finalidade, o desvio de interesse, etc.).

5.2 – *Nemine laedere.*

Passamos ao princípio do *nemine laedere*. Representa um comando de omissão específica, fundamentador da ordem social, que se traduz, por outro lado, em mandamento fundamental de conduta, a responsabilidade (e todos os direitos

48 SALGADO. A Idéia de Justiça no Mundo Contemporâneo, cit., p. 182.

dela decorrentes). É, por isso, um mínimo, "mas que é um máximo do ponto de vista das conseqüências e abrangências"[49].

Por isso, afirma o mestre GERSON BÓSON que o princípio do *neminem laedere* "está na essência de todas as normas relativas a reparações de danos causados, por culpa ou dolo, entre pessoas"[50].

O princípio do não lesar é o fundamento da responsabilidade de toda a ordem jurídica. É por isso que o romano MARCO AURÉLIO, após afirmar que a "natureza do Todo" fez os seres racionais "a fim de mutuamente se auxiliarem, e nunca se lesarem", coloca o seguinte mandamento para si mesmo: "Não repare o erro alheio", do que se infere que se deve imputar ao responsável o dever de reparar, como princípio orientador da ordem jurídica[51].

Podemos entender as razões do imperador. É que o ser racional está apto a agir sem lesar o seu semelhante. Portanto, deve ele estar apto para, se lesar, reparar ele mesmo a lesão, devendo a ordem jurídica agir na busca dessa meta e, somente quando não é possível, buscar outras formas de reparação, ainda que paleativa, como compensações (com concomitante punição daquele que, culposa ou dolosamente, causou dano irreparável).

KANT leva ao máximo este mandamento ao afirmar que não se deve causar dano a ninguém "aunque para ello

---

49 Ibidem, p. 183.

50 BOSON, Gérson de Brito Melo. Filosofia do direito: interpretação antropológica. 2. ed. Belo Horizonte: Del Rey, 1996, p. 145.

51 MARCUS AURELIUS. Op. cit., p. 91.

debieras desprenderte de toda relación con otro y evitar toda sociedad"[52]. Sem nos deixar levar pelo exagero hipoteticamente inferido pelo dogmatismo moral kantiano, concluímos que o exercício dos nossos direitos, em interação social inevitável, encontra seu limite justamente nos demais direitos das demais pessoas inseridas na vida social. Na dogmática contemporânea, significa dizer que o conteúdo e o exercício pleno dos Direitos Fundamentais somente pode encontrar suas limitações no conteúdo e na efetividade de outros Direitos Fundamentais[53].

5.3 – *Suum quique tribuere.*

Acontece que não é possível deixarmos de viver em sociedade. Por isso, KANT segue em sua *Metafísica dos Costumes*:

> "Entra (si no puedes evitar lo último) en una sociedad con otros, en la que a cada uno se le pueda mantener lo suyo (*suum cuique tribuere*).
>
> Si esta ultima formula se tradujera como: da a cada uno lo suyo, formularia un desproposito; porque no puede darse a nadie lo que ya tiene.
>
> Por conseguiente, si há de tener un sentido, tendría que decir así: entra en un estado, en el que pueda asegurarse

---

52 KANT. La Metafísica de los Costumbres. Madri: Tecnos, 1994, p. 47.

53 Cf. SALGADO, Joaquim Carlos. Princípios Hermenêuticos dos Direitos Fundamentais. Revista da Faculdade de Direito da UFMG. Nova fase. n. 34 p. 245-266. Belo Horizonte, 2001.

a cada uno lo suyo frente a los demás"[54].

Deste princípio, derivam todos os meios de garantia dos direitos na atualidade, de que são exemplos as garantias constitucionais, os *writes*; e derivam também aqueles princípios oriundos de uma igualdade distributiva. Proteção do trabalho, do consumidor, função social da propriedade, princípio da capacidade contributiva em direito tributário, princípio da participação nos lucros e resultados, garantia do justo preço nas desapropriações, são exemplos de sua derivação nos dias de hoje. Princípios vigentes, que ganham legitimação a partir desse valor fundante da igualdade e da justiça consubstanciado no princípio romano do *suum tribuere*[55].

Atribuir a cada um o *seu* é atribuir a cada um o seu direito,

> "O que é de cada um, agora entendida essa expressão como de cada pessoa, é a sua perfeição de ser, ou seja, o que é necessário para realizar todas as suas potencialidades enquanto ser humano. Ora, se o que realiza a perfeição de ser do homem é um bem, esse bem a ser protegido pelo direito passa a ser bem jurídico"[56].

O *suum* a ser atribuído será determinado no momento da

---

54 KANT. Idem, p. 47.

55 Quod communiter omnibus prodest, hoc privatae utilitati praeferendum. L. unica, C; de caduc. tolen.: "À utilidade privada deve preferir-se aquilo que aproveita a todos". Apud BAPTISTA. Compêndio de Hermenêutica Jurídica, cit., p. 50. Obviamente que tal disposição deve ser entendida pressupondo-se justamente o respeito do direto de cada um e sua conformação à viabilidade dos direitos de todos.

56 SALGADO. Idem, p. 183.

elaboração do Direito, tornando-se *ius suum*:

> "Aquilo que em particular modo está unido ao sujeito e determinado à sua utilidade própria, de tal forma que no uso do objeto tenha preeminência sobre os demais, e ninguém dele pode servir-se contra a vontade do sujeito sem que cometa uma injustiça"[57].

Cabe ao Direito, pela consciência e a razão jurídica, reconhecer o bem a ser protegido a fim de assegurar a igualdade na diversidade (na diferença)[58].

Estes três princípios aqui dissertados estão interconectados na consciência ético-jurídica de forma a revelar o valor único, ou seja, eles revelam o entendimento de que as relações sociais, e, portanto, a sociedade, representam algo inerente ao próprio homem e de que deve a sociedade possibilitar ao homem a persecução de sua liberdade e felicidade, ou seja, de sua auto-realização[59], na comunidade com os demais.

Para concluirmos as observações acerca dos princípios valorativos do Direito em Roma, faz-se oportuno ilustrarmos seu valor com mais uma magistral passagem da obra do Imperador MARCO AURÉLIO:

> "Como romano e como homem, cuida de cumprir as suas obrigações de toda hora com estrita e simples gravidade, com coragem, liberdade, justiça, expulsando de

---

57 BOSON. Op. cit., p. 271-272.

58 Cf. GALUPPO, Marcelo Campos. Igualdade e Diferença. Belo Horizonte: Mandamentos, 2002.

59 Cf. HEGEL. Fenomenologia do Espírito. Parte I. Trad. Paulo Menezes. Petrópolis: Vozes, 1992.

ti qualquer outro pensamento. Não são muitos os princípios cuja posse proporciona uma vida tranqüila e piedosa, conforme se vê"[60].

6. A efetivação do justo – o legado romano da *interpretatio* e da *aplicatio*.

6.1 – O sentido de 'interpretação' na cultura jurídica romana: a *interpretatio juris* como método da Justiça.

Por tudo que foi exposto, sentimo-nos autorizados a afirmar que a *Jurisprudentia* romana, firmada na tradição da sua *interpretatio*, revela a base de uma visão ética da aplicação do Direito enquanto instrumento possibilitador da idéia de justiça, capaz de hodiernamente fornecer as estruturas fundamentais para uma sólida formação do aplicador do Direito.

Ela surge na jurística romana como 'método do direito' (*meta+odos, caminho para* o Direito, ou caminho para a realização da justiça por meio do Direito) na busca de efetivação do justo. Este método, histórico (porque reconstrói a verdade histórica) e dialético (porque capaz de um silogismo que não é puramente mecânico), pode ser percebido na atuação do jurista, traduzida em três verbos: *cavere*; *agere* e *respondere*.

O *cavere* é a profilaxia, o aconselhamento, em que a dialética exerce-se surdamente, no antecipar de argumentos e posições contrárias; está ligado à virtude da *prudentia*. É tanto a atividade de sugerir formas de organizar e padronizar com justiça e retidão das condutas vindouras, quanto a

60 MARCUS AURELIUS. Op. cit., p. 22.

consultoria, que diz o certo e o errado no plano da antecipação das contendas, dialetizando o momento abstrato e o momento particular do direito, sem que haja a necessidade da contenda e até mesmo evitando estas. Envolve uma interpretação da norma no plano da abstração, e correlato raciocínio e aplicação no sentido de oferecer respostas aos problemas aventados.

O *agere* é momento mais claramente retórico, trata-se da função por excelência do advogado, é a assistência a uma parte, o tomar de posição no processo, na busca por fazer valer argumentativamente opinião sobre o direito. Seu valor para o desenvolvimento do Direito e aprimoramento dos sentidos normativos é fundamental, pois na dialética dos argumentos é que pode aparecer, na figura do "terceiro imparcial", a melhor decisão sobre o sentido justo das normas em relação ao caso.

Já o *respondere* são as respostas, as *responsa* propriamente ditas, quer proferidas pelos pretores, quer proferidas nos pareceres dos prudentes, quando as contendas já estão desenhadas, e os argumentos contraditados[61]. É o momento

61 Tais pareceres eram, não raro, pedidos pelos juízes para que estes pudessem decidir com segurança uma questão. Veremos que, a partir destas consultas, nasce aquilo de maior contribuição do gênio romano para o Direito: uma literatura jurídica, que surge da necessidade de alargar o campo das pessoas beneficiadas por estas consultas e da necessidade de possibilitar um assessoramento àquelas autoridades que se encontravam em regiões muito distantes (os pró-pretores e governadores de província, por exemplo, para os quais eram escritos manuais instrumentais de Direito). Essa literatura representa a abertura para a interpretação discursiva do

último da atualização do Direito, na aplicação que diz o Direito no caso concreto. Ela se vale igualmente da dialética e da retórica na fundamentação da decisão.

> "*Cavere*, aconselhar com base em textos, numa *interpretatio*. *Agere*, pleitear, com bases em textos e produzindo textos. *Respondere*, julgar e com especial autoridade dizer o direito – novamente interpretar"[62].

Podemos notar que estes verbos encerram a realização do justo no Direito. Eles têm como notas fundamentais dois momentos: interpretar e convencer (fundamentar). A *interpretatio* ganha uma conotação abrangente:

> "O método do Direito encontra-se, assim, irrefragavelmente ligado aos textos. Por isso a metodologia jurídica é, por um lado, uma Hermenêutica, e, por outro, uma Retórica. O jurista lê textos e cria textos. Em ambos os casos, interpreta.
>
> Poderíamos ser tentados a afirmar a prevalência de uma das faces desse Jano interpretativo sobre a outra. Mas não traduziríamos fielmente seu sentido para os romanos.[...] Até porque há uma sutil *démarche* retórica na Hermenêutica, e não pode deixar de haver uma base Hermenêutica na ação retórica.
>
> E poderíamos dizer que a Metodologia do Direito é sobretudo um trabalho de *Interpretatio*. Na própria feitura

Direito. Cf. VILLEY, Michel. Direito Romano. Porto: Res Jurídica, 1991, p. 76.

62 CUNHA. Retórica e Hermenêutica nas Origens do Direito, cit., p. 10.

> das normas, interpreta-se o real e criam-se textos que são também seus instrumentos de interpretação. No pleitear, de novo se interpreta, como vimos. E também no julgar. E ao fazer leis, com base nelas ir a juízo, ou sentenciar, em todos os casos, há uma retórica ao menos latente. Todo o preâmbulo legislativo, toda a peroração forense, toda a motivação da sentença pretende convencer um auditório. A retórica manifesta-se, assim, na necessidade de persuasão ou de legitimação, no domínio nomogenético ou jurisprudencial. Mas está sempre presente.
>
> Não custará por isso afirmar que a metodologia do Direito é uma Hermenêutica, ou uma Retórica. Para evitar anfibologias, diríamos que é ambas as coisas. Ou a mesma coisa que sob essas duas capas se manifesta. A expressão *Interpretatio* parece, pelo menos em certo sentido, ser capaz de fundir os dois vetores, as duas racionalidades, as duas preocupações"[63].

Procuraremos retratar a *Interpretatio* como Hermenêutica (mas sabendo que em todo processo interpretativo do Direito há um desenvolvimento argumentativo inevitável, que é a própria essência da lógica jurídica). Ela é saber que capta da Lei sua força (vontade) e potestade (razão-de-ser), ou seja, a racionalidade contida no elemento volitivo pelo qual de manifesta a Lei; e, neste sentido tomado, inspirado no jurisconsulto CELSO, pôde SALGADO proceder à sua conceitualização:

---

63 CUNHA. Retórica e Hermenêutica nas Origens do Direito, cit., p. 10 e 11.

> "Hermenêutica é a fenda da lei, aberta pelo intérprete para revelar-lhe todo o conteúdo de significação com a finalidade prática de uma decisão justa, comprovada nos efeitos justos de sua aplicação"[64].

Assim sendo, temos que a eticidade subjetiva da consciência moral, ao confrontar-se na intersubjetividade advinda da estrutura social, adquiriu, no Ocidente, com Roma, por meio da consciência política, a universalidade ética da consciência jurídica. O Direito, totalidade ética (*maximum* ético) no qual estão suprassumidos esses momentos anteriores da consciência, tem por seu turno, o seu próprio movimento dialético. Nele, essa totalidade formal e material que é o Direito enquanto *império da liberdade realizada*[65], tem, na universalidade formal da lei, a consolidação de sua juridicidade (objetividade) no plano abstrato (universal abstrato) e, frente às particularidades dos casos (particularidades abstratas), realiza-se na singularidade da aplicação na vida concreta (universal concreto). Este último momento, somente possível pela categorização jurisprudencial do universal abstrato da Lei e pela instrumentalidade jurisprudencial da *interpretatio* (e da *aplicatio*), realiza e efetiva, como máximo ético, o justo, reconhecido como tal na consciência jurídica. Daí a importância da hermenêutica jurídica, tomada, neste estudo, na *interpretatio* romana, que encerra todo esse movimento da Ética que tornou possível a construção da civilização

64 SALGADO. Experiência da Consciência Jurídica em Roma, cit., p. 85.

65 Cf. HEGEL, G.F.W. Princípios da Filosofia do Direto. São Paulo: Martins Fontes, 2000, p. 12.

ocidental, como sociedade juridicamente organizada, possibilitadora do convívio entre homens livres[66].

A cada aplicação do Direito, a cada decisão proferida nos tribunais, temos a confirmação deste movimento reforçado pela dimensão ética desse ato de efetivação. Interpretar, concomitantemente, o Direito e a Vida, de forma a possibilitar que, à objetividade da lei, una-se a correspondente justiça dos atos humanos, é a função do aplicador do Direito e a tarefa da Jurisprudência enquanto saber que prepara e possibilita essa aplicação. Em outros termos, a *interpretatio* é o método pelo qual o jurista elimina a *summa iniuria* da leitura abstrata da norma objetiva, concretizando a idéia de justiça de seu tempo, como elemento possibilitador de nossa sociedade.

6.2 – A bipolaridade de sentido da interpretação em Roma tomada em sua dimensão histórica.

Não obstante o acima relacionado sentido acabado da atividade interpretativa desenvolvido pelos romanos e apresentado na síntese reveladora de SALGADO, mister se faz uma compreensão histórica da noção de interpretação para os romanos e, nesse caminho, identificar dois sentidos distintos para o que se conhece por interpretação em Roma: um original significado, mais ligado aos primeiros períodos da história romana; e um segundo, voltado para um momento final dessa história jurídica, considerado pela Doutrina muito mais próximo da noção que hoje atribuímos à interpretação

66 Cf. SALGADO. A Idéia de Justiça no Mundo Contemporâneo, cit., passim.

no Direito.

Com MONCADA, podemos assim definir esse primeiro sentido:

> "No mais antigo direito, como se sabe, o costume predominava sobre a lei ou norma escrita e esta ocupava aí, no sistema jurídico em conjunto um lugar muito diferente daquele que ocupa no direito moderno e ocupou ainda no direito romano desenvolvido. Ao passo que nesse último a lei pretende ser a expressão de todo o direito que deve vigorar em um dado momento, o antigo direito romano, pelo contrário, a lei constituía uma verdadeira exceção no conjunto das normas jurídicas e ao lado dela existia, com um vasto campo de ação, o costume. Ora, enquanto foi assim compreende-se como deve-se necessariamente existir um ou mais meios de suprir na vida jurídica prática, a falta ou a raridade das disposições legislativas, extraindo do direito consuetudinário tudo que era preciso para regular as múltiplas relações dessa vida jurídica, as acompanhar no seu desenvolvimento e, enfim, conservar sempre o direito ao nível das restantes condições da vida social"[67].

Por isso, esses intérpretes (primeiramente os sacerdotes e, depois, os jurisconsultos republicanos, como veremos na segunda parte deste livro) eram chamados de *iuris conditores*, os *legum inventores*.

Completa MONCADA:

> "sua interpretação, em vez de ser, como a do juiz moderno, um trabalho meramente receptivo, subordinado

67 MONCADA. Op. cit., p. 41.

> a um texto, foi antes um trabalho original de constante criação de novas formas jurídicas"[68].

A *iuris interpretatio* era, portanto, algo diferente do sentido que hoje possui no Direito Moderno a expressão. Era entender as necessidades da vida social, as exigências de justiça que dali advinham e, então, dar origem (forma, fonte) a um direito. Interpretar era o mesmo que elaborar racionalmente o direito com base nos *mores* sociais, recebendo dos *mores* o parâmetro de justiça informador do direito.

Porém, como veremos, nos períodos finais do Direito Romano, a interpretação tem um sentido muito mais próximo do atribuído no Direito Moderno,

> "Logo que a presença da Lei reduziu ao mínimo a esfera de ação do costume e o Estado enfim interveio ativamente na criação do direito, então a interpretação transformou-se naquilo que já foi dito, na forma de atividade mental destinada unicamente a surpreender o sentido exato e completo de um texto. [...] Essa nova concepção das relações entre a lei e o intérprete acham-se sobretudo na *Constituição Tanta* que acompanhou o Digesto"[69].

Mas, entre esse dois momentos historicamente extremados da jurística romana, será que há um meio de perceber qual o verdadeiro sentido que a 'interpretação' possuía para os romanos?

Bom, nesse momento podemos apenas oferecer a seguinte

68 Loc. cit.

69 MONCADA, Op. cit., p. 43.

reflexão como resposta: mesmo no Período Imperial (especificamente no Principado, período bem anterior a JUSTINIANO), quando o Direito Romano tornava-se cada vez mais formalizado, prévio e abstrato, e a idéia de Lei ganhava cada vez mais relevância, os juristas nunca deixaram de reconhecer a imprescindibilidade da atividade interpretativa como atividade de adequação do Direito, tão pouco o seu papel chave na construção de uma realidade jurídica efetivamente justa. Assim sendo, a atividade de interpretação jurídica em Roma nunca deixou de ter, incutida em si, o sentido de atividade de concreção, *com-criação*[70], do Direito.

O papel do intérprete é mais do que o de operador passivo do já produzido abstratamente como justo, ele é o juiz da própria Lei, enquanto aquele que a retifica, na busca de sua adequação, no casamento dessa com a eqüidade (correção) no momento de concretização desse justo abstrato como justo efetivo,

> "Placuit, in omnibus rebus praecipumam esse justitiae aequitatisque, quam stridti júris, rationem. Eligemdum est quod minimum habet iniquitatis"[71].

Impossível negar o caráter criativo e construtivo do

---

70 Cf. REALE, Miguel. Concreção de fato, norma e valor no Direito Romano Clássico. In: REALE, Miguel. Horizontes do Direito e da História. São Paulo: Saraiva, 1977, p. 55-74.

71 L Placuit, 8, Cod; de iudiciis.: "Houve-se por bem que, em todas as coisas, predominasse mais a razão da justiça e da eqüidade do que do estrito direito". L. Quoties, D; de dol. mal. et met. Except, 44, 4: "Deve-se escolher o que tenha o mínimo de iniqüidade". Apud BAPTISTA, 1984, p. 17.

intérprete; a Lei não é o momento acabado da Justiça, mas o importante e indispensável ponto de partida para sua efetiva realização.

> "Interpretatio illa sumenda quae magis convenit subjectae materiae[72]; Quoties idem sermo duas sententias exprimit, ea potissimo excipiatur, quae rei gerendae aptior est"[73].

Ao romano, portanto, não basta uma interpretação meramente estrutural do Direito, como queria KELSEN[74]. Já chamamos atenção para as graves conseqüências desta postura estruturalista do positivismo[75], mas não nos custa alertar que:

> "É em nome da segurança jurídica que se quer assim manietar o juiz e minimizar a função judicial. Sucede que esse juiz-computador, esse aplicador mecânico de normas, cujo sentido não lhe é dado aferir, e cujos resultados na solução dos casos concretos lhe é defeso

---

72 Menoch; Consil. 179, nº 14: "Deve ser tomada a interpretação que mais convém à matéria em foco". Apud BAPTISTA, 1984, p. 20.

73 Dig. L. 67, de regul iuris: "Todas as vezes que a mesma frase exprime dois significados, deve-se aceitar preferentemente aquele que é mais apto para exprimir o sentido no caso concreto" Apud BAPTISTA, cit, p.34, ver nota a nota 59 supra.

74 KELSEN, Hans. Teoria Pura do Direito. São Paulo: Martins Fontes, 1999, p. 387 e seguintes. É interessante notar que o autor dedica apenas doze páginas à questão da interpretação, de um livro de quatrocentas páginas sobre Teoria do Direito.

75 Cf. PINTO COELHO, Saulo de Oliveira. Razoabilidade e Decisão. In: O Sino do Samuel: jornal da Faculdade de Direito da UFMG. n. 69. ano IX. Belo Horizonte: Universidade Federal de Minas Gerais; set.-nov., 2003, p. 10-1.

> indagar, este juiz assim minimizado e desumanizado, não é, de forma nenhuma, capaz de realizar a segurança jurídica. Preso a uma camisa de força teorética que o impede de descer à singularidade dos casos concretos e de sentir o pulsar da vida que neles se exprime, esse juiz, servo da extremada legalidade e ignorante da vida que neles se exprime, o mais que poderá fazer é semear a perplexidade social e a descrença na função que deveria encarnar e que, por essa forma, nega. Negando-a, abre caminho para o desassossego social e a insegurança jurídica"[76].

A interpretação do Direito, que leva sempre à resolução de um caso concreto mesmo que de forma mediata, não pode desconsiderar a repercussão das posições e entendimentos adotados pelos juristas na vida das pessoas, pois a função do Direito é realizar a justiça atribuindo a cada um o que lhe é direito, portanto, é ser efetivamente um instrumento de promoção da dignidade e da justiça. Somente um modelo interpretativo que leve em conta a função e a finalidade do Direito – sua dimensão ética[77] - de realizar o justo "sempre" e "constantemente" (entendido este como o justo culturalmente posto), pode resgatar a consciência jurídica como consciência ética, não meramente técnica.

Nos Romanos, já encontrávamos esta preocupação com uma interpretação funcional-finalística do Direito,

76 AZEVEDO, Plauto Faraco de. Crítica à Dogmática e Hermenêutica Jurídica. Porto Alegre: Safe, 1989, p. 25.

77 FERREIRA, Mariá A. Brochado. A Eticidade do Direito, cit. p. 284 e seguintes.

preocupação muitas vezes posta de lado nos dias atuais, de extremado tecnicismo, que faz das pessoas meros meios e não fins da estrutura social, do Estado[78]. Talvez por isso a preocupação com a aplicação, não só válida, mas justa, eqüitativa, seja o ponto de maior realce nessa releitura das contribuições da *interpretatio* para a hermenêutica jurídica hodierna.

Esta postura está presente sempre na interpretação dos romanos das mais diversas questões jurídicas. Nessas interpretações, seus argumentos levam à ponderação acerca das conseqüências sociais da decisão jurídica, em vista da eqüidade, sempre aliada a um grande rigor técnico e lógico. Esta conciliação (entre técnica, lógica e forma precisa de um lado, e eqüidade, adequação e instrumentalidade de outro), que é acompanhada de um sólido modelo interpretativo capaz de se projetar na história até nossos dias, é, talvez, a maior virtude da jurística romana. Compreenderemos melhor a

78 Ressaltamos que esta postura tem repercussão exponencial quando se trata dos órgãos da administração pública e do Governo [cf. SALGADO. Estado Ético e Estado Poiético, cit., p. 58 e seguintes]. Estes órgãos também realizam interpretação do Direito com fins à aplicação, e, neles, os operadores, não raro, sentem-se mais obrigados a interpretar o Direito em virtude da finalidade econômica e poiética, consubstanciada nos números e estatísticas de desempenho, e menos em virtude da efetivação dos direitos do homem, como deveria ser, em razão a finalidade ética do Estado. Também Lima Vaz chama atenção para esta postura contemporânea, voltando os olhos para o agir individual de cada um e sua relação com a consciência ética, que são as patologias sociais da consciência moral. Cf. FERREIRA, Consciência Moral e Consciência Jurídica, cit., p. 111.

Juriprudentia romana e suas contribuições, perfazendo, nas páginas seguintes, o panorama histórico da jurisprudência em Roma.

PARTE II

Panorama histórico da jurisprudência em Roma: elaboração, interpretação, ordenação e aplicação do direito nos momentos da experiência jurídica romana.

Já ressaltamos a importância do estudo histórico do Direito Romano, verdadeiro laboratório do jurista, já que não se pode valer da reconstrução controlada da experiência referente ao objeto de seu estudo, como é o caso de vários outros campos do saber.

MOREIRA ALVES ressalta o seguinte:

> "Para conhecer os princípios básicos do direito romano, é preciso apenas ter em mente que ele é um direito histórico e que, portanto, o exame de seus institutos deve ser feito através das diferentes etapas de sua evolução, cada uma com determinadas características fundamentais"[129].

Particularmente quanto ao estudo da jurisprudência

---

129 ALVES, José Carlos Moreira. Direito Romano – vol. I. Rio de Janeiro: Forense, 2000, Prefácio.

romana e sua processualidade histórico-cultural, valemo-nos, aqui, das ponderações de MÁRCIO VASCONCELOS DINIZ para justificarmos a importância de desenvolvermos uma narrativa histórica da *interpretatio*:

> "A história do Direito Romano se confunde com a história de suas instituições políticas e jurídicas, especialmente dos quatro regimes políticos que impuseram profundas alterações na evolução cultural do *populus* romano – no que diz respeito à interpretação, não podem ser olvidadas as significativas alterações na forma de expressão do Direito, na competência para editar normas jurídicas e também de interpretá-las. Daí porque, nesse particular, a análise do que foi a interpretação jurídica em Roma não pode desvincular-se da perspectiva histórica"[130].

1. Formação e Singularidade da Estrutura Jurídico-Política Romana:

> Pluralidade de povos e culturas na constituição da Itália antiga; o intercâmbio cultural na península itálica; o papel das Confederações de Cidades; a singularidade da Cidade Romana, traduzida no caráter plúrimo de sua base cultural; pruralidade e diversidade ética como elemento propulsor da experiência romana, ruma à superação da consciência moral grega, consciência jurídica romana.

---

130 DINIZ, Márcio Augusto de Vasconcelos. Interpretação no Direito Romano, cit., p. 1.

1.1 – A Itália Antiga e o caráter plúrimo da cultura romana

1.1.1 – Intercambiação cultural entre as primitivas populações da Itália

"O Direito de um povo não se forma de uma só vez, é expressão e resultado de sua civilização, desenvolve-se e modifica-se com ela"[131]. Cabe, portanto, entender a formação da civilização romana e a dimensão desse fenômeno.

A primeira afirmação que se deve fazer acerca da formação de Roma consiste em observar o caráter plúrimo das etnias sobre o solo itálico. PIETRO BONFANTE afirma que o quadro etnográfico dos antigos habitantes da península itálica não nos oferece nenhum indicativo de traços de homogeneidade, como no caso de outros povos europeus (na península ibérica ou na Germânia, por exemplo)[132]. A Itália seria mesmo o retrato da mescla de culturas e povos, tanto ários quanto mediterrâneos, que formaram os povos indo-europeus. Mais que isso, na região italiana, tal intercâmbio de culturas possui uma intensidade particular.

A antiga Itália foi formada pela afluência de várias

---

131 LAGRANGE, Manuel de. Droit Romain. Apud SILVA, João Batista. Processo Romano: instrumento de eficácia jurisdicional. Belo Horizonte: Líder, 2004, p.18.

132 Cf. BONFANTE, Pietro. Historia del Derecho Romano. Traducción por José Santa Cruz Teijero. Madri: Editorial Revista de Derecho Privado, 1944, p. 39.

gerações de povos advindos de rumos diversos[133]. Observa-se um clima de intenso embate e alternância de dominação entre esses povos[134]. Bonfante afirma que desses movimentos populacionais temos como resultado pelo menos cinco grupos fundamentais na formação da cultura itálica. São, portanto, vários conjuntos de populações, com destaque para os ligures, os umbros-sabelicos, os latinos, os etruscos, os celtas, dentre outros[135], formando, posteriormante, outros povos, mesclando-se, convivendo uns com os outros, ora como dominadores ora como dominados[136], mas sempre em permanente intercâmbio de modos de vida.

1.1.2 O confederalismo dos antigos povos itálicos

De importância fundamental para o nosso estudo é a

---

133 "unos, desde los Alpes a Oriente o a Occidente, o desde los mares que circundan la península y sus islas, se difunden sobre una gran parte del territorio para ser luego rechazados por nuevos inmigrantes y reducidos a límites territoriales más angostos" BONFANTE. Loc. cit.

134 BONFANTE. Op. cit., p. 40.

135 Para uma leitura aprofundada sobre as características peculiares a cada um desses povos, recomendamos a leitura da obra de Pietro Bonfante já colacionada a este estudo, em especial o capítulo sobre a Itália antiga [op. cit., p. 39-66]; e também a leitura do respectivo capítulo na Storia del Diritto Romano de Guarino: cf. GUARINO. Storia del Diritto Romano. 4. ed. Riveduta. Napoli: Eugenio Jovene, 1969.

136 Interessante notar que o mesmo povo que, em determinada região da península, era dominador de outros povos como patrícios nas Cidades, em outros locais, formava a camada dos plebeus dominados.

analise do regime Federativo que coligava esse povos. Aqui, a formação do caráter plúrimo da cultura romana pode ser identificada junto à interação inicial dessas populações. Senão, vejamos.

A configuração pré-romana da península itálica revela, em razão das constantes trocas de domínio dos territórios e do sentimento de agressividade daí advindo, um sem número de pequenos aglomerados de gentes e famílias (em uma estrutura de Município Rústico), tendo, como centro de convivência, os burgos contornados por muros e, em geral, protegidos por rios. Não existiam monarquias centralizadoras do poder, porém as Cidades de uma mesma etnia achavam-se reunidas em Confederações para a defesa comum.[137]

Ocorre que, aos poucos, foram aparecendo Cidades que se destacavam como mais fortes e potentes em meio aos demais burgos dispersos e, por vezes, alguma tentava subjugar a confederação a seus interesses conquistando certa hegemonia. Tal era, inclusive, o estado das coisas quando Roma lutava por sua existência política.

Segundo a tradição histórica, a confederação etrusca, por exemplo, possuía doze Cidades. Cada cidade possuía um Rei e eles se relacionavam com um Rei da Confederação chamado de Ditador, ou Sacerdote, ou ainda *Pretor* (sujestivo

137 "Assim, havia uma liga etrusca, uma liga latina, ligas de Burgos de variados povos sabélicos e de cidades de diversas estirpes helênicas [como os troianos], mas não havia um Estado ou um sentimento de nação, nem mesmo um Estado federal". Cf. BONFANTE. Op. cit., p. 58.

nome, mas que guarda pouca relação com o *pretor romano*, magistrado, que estudaremos). Reuniam-se anualmente para discutir os negócios da liga e celebrar as festas religiosas comuns[138].

Verifica-se a importância e a naturalidade com que a comparação e interação de culturas ajudou na formação da estrutura político-jurídica romana. O aparecimento do Direito deve-se, de certa forma, a tal característica. Quando da incorporação dos etruscos à *civitas* romana, não só a estrutura monárquica, como também o modelo aristocrático etruco, baseado na figura do clientelismo entre famílias, foi por Roma assimilado, nas suas particularidades em relação ao que se tem como característica geral dos indo-europeus. E mais, essa estrutura surge em razão da formação das plebes nas Cidades etruscas[139], geralmente formada pelos ligures e umbros, em razão de terem sido originalmete conquistados e

---

138 Tais encontros tinham importância fundamental, eram mesmo, devido a estrutura de religião familiar ainda imperante, o fundamento de aceitação dessa estrutura política. A esse respeito, comenta Coulanges: "Falamos anteriormente dos banquetes públicos, a cerimônia principal do culto. Ora, em Esparta, quem não assistisse a tais banquetes, mesmo contra vontade, deixava logo de ser contado entre os cidadãos". O mesmo ocorria com as cidades da federação, deveriam participar das festas anuais para serem tidas como pertencentes à liga e, portanto, abraçada e protegida por ele. Cf. COULANGES, Fustel de. A Cidade Antiga. São Paulo: Martin Claret, 2001.

139 Voltaremos a ponderar sobre esta questão da relação entre patrícios, clientes e plebeus no que tange ao Direito quando, mais adiante, analisarmos as origens da construção da legislação romana.

ocupados os seus territórios[140].

Ao lado da Confederação etrusca, havia também uma liga Sabina, cujas cidades, inclusive, foi uma das primeiras a ser agrupada a Roma, quando da expansão peninsular. Acentue-se, também, federações de cidades sabélicas, de cidades petrucianas, helenas, gálicas e várias outras ligas. Todas, aos poucos, foram se tornando possessões conquistadas, ou aliadas de Roma, em momentos posteriores[141]. Tal aglomeramento ao redor do poder romano dá-se principalmente pela via jurídica, em razão do instituto pactual do *foedus*. Assim, as Federações não eram dissolvidas pelos romanos. Tais pactos promoviam a inclusão das federações particulares à confederação latina guiada pelos romanos. BONFANTE ressalta que "a força expansionista da confederação romana se manifesta pela circunstância de não ser ela formada pela comunidade de apenas um povo"[142]. Mas assevera ele que, antes do Império Romano, venceu a idéia de Cidade Romana.

140 "Este carácter aristocrático profundamente enraizado en la esencia del pueblo etrusco, tal vez derive de la singular condición etnológica de la nación y de su dominio sobre los ligures y umbros". BONFANTE. Op. cit., p. 60.

141 Ibidem, p. 62.

142 Ibidem, p. 63.

1.2 – A Roma Antiga

1.2.1 – Origem da Cidade Romana

A futura Roma ficava em um território pertencente à Confederação Latina, formada por mais de trinta cidades. Roma não era a Capital da Liga, tal atributo pertencia originalmente a outra cidade. Roma era, inicialmente, apenas mais uma das cidades latinas com lugar na assembléia da federação. Deve-se ressaltar que:

> "Dentro dos limites da Liga existe uma comunidade em relação ao direito privado, os cidadãos dentro dessa comunidade gozam, segundo a denominação romana, do *commercium*, em qualquer outra cidade. E mais: fazendo-se parte da mesma Liga, com a mera residência podia-se adquirir cidadania de uma Cidade diversa"[143].

Mas a formação da Cidade Romana vai muito além da mera descrição da Liga Latina. Já nessa, o convívio entre albanos, sabinos e latinos era profícuo. Pelo referido *ius migrandi* (o direito de, pela residência adquirir cidadania em outra cidade da mesma Liga), a marca latina em Roma já era clara, pois todo cidadão latino que ali viesse a fixar residência adquiria cidadania romana, e vice-versa.

Devemos apontar algo mais. Em regiões de fronteira como a do Lácio, lugar onde se encontravam as colinas que formariam a *urbe* romana, em razão de sua posição limítrofe no território da Liga, as conquistas e trocas de domínio entre as diferentes populações era freqüente. É assim que,

143 BONFANTE. Op. Cit., p. 69.

principalmente etruscos e sabinos adentraram no território latino (principalmente na região do Lácio, menos protegida), e, mesmo após retomadas as terras, permaneceram eles vivendo ao lado dessas áreas limítrofes da liga latina.

Devemos ir além para afirmar ainda que o caso do Lácio é especialmente distinto no que diz respeito à interação desses povos, ao invés de uma constante troca de domínio e de uma constante luta entre eles:

> "No limites do Lácio, frente ao poderoso, culto e extrovertido, povo etrusco e e em relativo contato com o povo sabino, no cume étnico das grandes estirpes da península, se constituiu e desenvolveu um povo destinado a fundir das diversas gentes em um único sangue, língua e consciência"[144].

As colinas do Lácio foram sede antiqüíssima de populações diversas. A mescla em razão de várias conquistas e retomadas das terras deu lugar, aos poucos, ao estabelecimento de uma *urbe* comum a todos aqueles povos: Roma.

É sabido o esforço desses povos para se constituírem como um só, não falamos só de um esforço de unificação cultural (essa já adiantada em razão das sucessivas invasões), mas sobretudo de um esforço de infra-estrutura, de unificação dessas colinas da região romana (onde viviam os diferentes povos), separadas inicialmente pelas depressões,

---

144 BONFANTE. Op. cit., p. 73.

brejos e rios[145]. O esforço para transformá-las, de colinas habitadas por povos distintos em colinas romanas, demonstra o especial sentimento de unidade e de integração entre esses diferentes povos, só possível de ser constatado na experiência romana. Assim:

> "a lenda que logrou mais autoridade entre os antigos refere-se a Roma como uma Cidade tripartida; e as três originárias tribos romanas dos *Ramnes*, *Tities* e *Luceres* representariam as três estirpes que concorreram para a formação da cidade, ou seja, os latinos, sabinos e estruscos"[146].

Aos poucos, esses povos mesclaram-se de tal modo que, num momento não muito posterior à divisão de tribos, na já não se pautavam mais pela distinção mencionada (mas pela polarização entre patrício e plebeus)[147]. Isso se deu já no final

145 Foram necessárias obras desafiadoras à época, inclusive de drenagem dos rios e brejos. Para uma leitura sobre a questão, vide: PEIXOTO, José Carlos de Matos. Curso de Direito Romano. São Paulo: Renovar, 1998, p. 10-32.

146 BONFANTE. Op. cit., p. 74. Apesar de o nome Roma ser, segundo alguns, de origem latina, numa alusão a Ramnes, as tribos não eram subjugadas umas às outras. O fato do nome deu-se apenas em razão da anterioridade cronológica da presença desse povo no território. C.f. BONFANTE. Op. cit., p. 79. Por outro lado, veremos, mais adiante, que a mistura de populações e culturas parece ter sido bem maior na formação da população romana do que apenas em relação às três estirpes fundamentais da península. Ressaltaremos, principalmente, o posterior contato (ainda no período das origens de Roma) com a cultura grega.

147 Ibidem, p. 77.

do período da Realeza.

Roma fazia parte da Liga Latina, mas, como vimos, sua posição era inicialmente totalmente coadjuvante. Portanto não foi da mera conquista da hegemonia na Liga Latina que Roma partiu para o seu crescimento sócio-político universal. Percebe-se que foi justamente a demonstrada origem plural do povo romano que possibilitou o seu crescimento pela vinculação não só à Liga Latina, mas a vários outros povos do Lácio, da Itália e do Mediterrâneo, e pela constituição de um instrumento de ordenação social que desse conta dessa cultura pluralista percebida em Roma: o Direito.

1.2.2 – Cidadãos e Estrangeiros na *Civita* Romana.

Na estrutura das Cidades Antigas, o estrangeiro era totalmente alijado da coisas da Cidade. Em todo o Mediterrâneo, tanto nas cidades gregas, quanto nas italianas, nas insulares (Catargo, p.ex.) e nas norte-africanas (as Cidades Egípcias, p. ex.); em todas elas, a relação dos cidadãos com os estrangeiros era não de mera estranheza, mas antes, posto que até conheciam bem os estrangeiros, de distanciamento e isolamento no que tange à participação destes nos negócios públicos e na vida da Cidade.

A narrativa de COULANGES a esse respeito ilustra de modo impactante essa questão:

> "Era conhecido como cidadão todo aquele que tomava parte no culto da cidade, e desta participação lhe derivam todos os seus direitos civis e políticos. [...] Se quisermos definir o cidadão dos tempos antigos pelo seu

> atibuto mais essencial, devemos dizer que é cidadão todo o homem que segue a religião da cidade, que honra os mesmos deuses da cidade, aquele para quem o arconte ou pritane oferece, a cada dia, o sacrifício"[148].

Na *mundivisão* das Cidades Antigas, a religião e a vida pública eram uma só coisa, o estrangeiro não participava da religião, era mesmo proibido fazê-lo porque representaria a profanação da religião, que era familiar. Assim, ele não participava da vida pública, era desprezado como tal.

> "Os deuses nacionais, que só querem receber orações e oferendas dos cidadãos, repelem todo o homem estrangeiro: a entrada do estrangeiro no templo não era permitida e sua presença durante cerimônias era sacrilégio. [...] Se o inimigo tivesse se apoderado da urbe e os cidadãos chegassem a retomá-la, antes de tudo impunha-se que os templos fossem purificados e todos os lares renovados depois de extintos, pois haviam sido manchados pelo contato com o estrangeiro"[149].

A religião abria um grande hiato, uma separação profunda, entre o cidadão e o estrangeiro. "Essa mesma religião, enquanto exerceu influência sobre as almas, proibiu que aos estrangeiros se concedesse o direito de cidadania"[150].

---

148 COULANGES. A Cidade Antiga, cit., p. 213.

149 Ibidem, p. 214.

150 Ibidem, p. 215. Mesmo quando a religião antiga perdeu força, ainda era extremamente delicada a relação do estrangeiro com a Cidade: "Não havia nenhum ato público que o legislador cercasse de tantas dificuldades e precauções como este de conferir ao estrangeiro o título de cidadão".

Por não participar da religião, o estrangeiro não possuía, nas Cidades Antigas, direito algum. As Leis da cidade não eram aplicadas a ele. "Se cometesse algum delito, tratavam-no como escravo e puniam-lhe sem processo, pois a Cidade não lhe devia justiça alguma"[151].

Mas, para com os romanos, a situação era um pouco diferente. Já mencionamos, no ponto anterior, a peculiar formação de Roma, e sua natureza de mescla entre vários povos como base dessa formação. Pois bem:

> "Dessa mistura das mais diversas raças se originou a existência de laços com todos os povos que Roma conhecia. Podia-se dizer latina aos latinos, Sabina com os sabinos, etrusca para os etruscos e grega para os gregos. Seu culto nacional era também um misto de muitos cultos, imensamente diversos cada qual ligado

151 COULANGES. Op. cit., p. 216. Um exemplo dessa hostilidade e desprezo pelo estrangeiro consiste justamente no fato de que a pena mais severa aplicada entre os gregos, a atimia, era a pena de perda da cidadania. Senão vejamos: "O homem antigo, por esta condenação nunca mais poderia ser investido de qualquer magistratura, nem fazer parte dos tribunais, nem falar nas assembléias. Os deuses da Cidade não mais existiam para ele. Perdia, ao mesmo tempo, todos os direitos civis; não mais aparecia perante os tribunais, nem mesmo como testemunha; lesado, não lhe era mais permitido apresentar queixa, podiam impunemente bater-lhe. Para ele nada mais haveria, nem compra, nem venda, nem contrato de espécie alguma. Tornava-se estrangeiro na própria cidade. Direitos políticos, religião, direitos civis, tudo isso lhe tiravam de uma só vez. Tudo isso era englobado no título de cidadão e com esse título tudo se perdia". COULANGES. Op. cit., p. 219.

ao povo de origem"[152].

Essa abertura religiosa propiciava uma grande oportunidade ao povo romano:

> "Numa época em que ninguém tinha o direito de assistir às festas religiosas de uma nação, se nela não tivesse nascido, o romano tinha a incomparável vantagem de poder tomar parte nas festas latinas, nas festas sabinas, nas festas estruscas e nos jogos olímpicos"[153].

Tornavam-se os romanos, por isso, detentores potenciais de direitos e prerrogativas nas cidades, e mais:

> "Ora, a religião era um laço poderoso. Quando duas cidades tinham um culto em comum, diziam-se parentes; deviam considerar-se como aliadas e auxiliarem-se mutuamente"[154].

---

152 COULANGES. Op. cit., p. 386: "Tinha os cultos gregos de Evandro e de Hércules; gloriava-se de possuir o paládio troiano. Os seus penates estavam na cidade latina de Lavinio. Roma adotou, desde a sua origem, o culto Sabino do deus Conso. Outro deus Sabino, Quirino, plantou raízes tão fundas que Roma o associou a Rômulo, seu fundador. Tinha também os Deuses etruscos, suas festas, seus auguratos e até mesmo suas insígnias sacerdotais".

153 Ibidem, p. 386.

154 "Na antigüidade, não se conhecia outra união que não fosse estabelecida pela religião. Por isso, Roma conservava com grande cuidado tudo quanto pudesse servir de testemunho deste precioso parentesco com as demais nações. Aos latinos, apresentava suas tradições sobre Rômulo; aos sabinos, a sua lenda de Trapeia e de Tacio; para os gregos, alegava os velhos hinos em honra da mãe de Evandro que possuía. Guardava, com o mesmo desvelo, a memória de Enéias, porque se por Evandro Roma podia chamar-se parente do

COULANGES termina por asseverar:

> "A população romana era pois uma miscelânea de várias raças, o seu culto união de muitos cultos, o seu lar nacional associação de diferentes lares. Roma era quase a única cidade cuja religião municipal não a isolava das demais. Estava ligada a toda a Itália, a toda a Grécia. Poucos povos havia que Roma não pudesse admitir no seu lar"[155].

E foi essa peculiaridade do povo romano que, para COULANGES, possibilitou a expansão de Roma e a sua transmutação, de uma estrutura de Cidade-Estado, para uma estrutura cosmopolita e posteriormente imperial. É claro que se pode alegar que essa formação do império era uma realidade decorrente da crise das Cidades-Estados, mas o fato é que, de todos os povos ocidentais que se aventuraram na formação de um império, somente Roma conseguiu fazê-lo com estabilidade e perenidade[156]. Isso se deu porque, ao invés de pensar o estrangeiro apenas como inimigo, e o tratar com grande hostilidade e indiferença[157], os romanos

---

peloponésios, por Enéias ela o era de mais de trinta cidades espalhadas pela Itália, Sicília, Grécia, Tracia e Ásia Menor". Ibidem, p. 387.

155 Ibidem, p. 387.

156 Vide o exemplo do Império Alexandrino.

157 Não que, no caso do Império Alexandrino, a experiência de convívio e de troca não acontecera, mas nesse caso, tal convivência advinha apenas da figura de Alexandre, não era uma característica de seu povo, mas de sua pessoa. Por isso, caiu o Império logo após sua morte.

estabeleceram um convívio que subordinava sim esses povos ao domínio do Lácio, mas por uma subordinação pactuada numa estrutura de ordem e pautada na autoridade geradora de aceitação do poder[158] romano, não de mera submissão forçada pela violência (o Direito).

> "Roma foi a única cidade que, com a guerra, soube aumentar sua população. Sua política era ignorada de todo o resto de mundo greco-itálico: juntou a si todos a quem venceu. Trouxe para seus muros os habitantes das cidades conquistadas e, aos poucos os fez romanos. Ao mesmo tempo enviava colonos para os países conquistados, e com tal processo Roma se difundia por toda a parte porque seus colonos, embora formassem cidades distintas, do ponto de vista político, conservavam com a metrópole a dependência religiosa, isso era o bastante para que esses povos se vissem obrigados a subordinar a sua política à de Roma, a obedecer-lhe e a ajudá-la em todas as suas guerras. [...] Enquanto que pela religião as outras cidades estavam isoladas, Roma teve a habilidade ou a sorte de usá-la para atrair e dominar tudo"[159].

158 Para uma leitura acerca da importância da noção de aceitação do poder político como pressuposto do Direito e da Justiça, cf. SALGADO, Joaquim. Carlos. O Estado Ético e o Estado Poiético. Revista do Tribunal de contas do Estado de Minas Gerais, v. 24, n. 2, abr/jun. 1998.

159 COULANGES. A Cidade Antiga, cit., p. 390.

1.2.3 – Formação do Direito como consequências da peculiar característica cosmopolita da cultura romana.

Roma apareceu como nação e como potência territorial num novo modelo civilizacional que mudou totalmente os rumos do ocidente, em razão de sua tolerância e de seu espírito comparativista. E foi essa nova estrutura que impôs um novo modo de operar e que fez com que aparecesse o que chamamos de normatividade jurídica. O Direito, com os elementos que o configuram (exigibilidade, bilateralidade, atributividade e procedimentalidade), nasce com a passagem da *consciência moral* à *consciência jurídica*[160]; mas essa mudança é fruto da mudança de estrutura, provocada pela relação compatativista e pelo caráter de convívio que os romanos estabeleciam com os estrangeiros.

A partir desta observação, acrescentamos, com MONCADA, que, a respeito do Direito Romano (normatividade jurídica) e do vulgo "Direito Grego" (normatividade apenas moral e costumeira):

> "As semelhanças e pontos de contato com o direito helênico não precisam, com efeito, para serem explicadas, da hipótese de uma embaixada à Grécia. Trata-se de afinidades de civilização e de tradições jurídicas que se explicam pela existência de um fundo ético comum, indo-europeu, como se explicam as semelhanças de língua e religião, entre romanos e gregos"[161].

160 Cf. FERREIRA, Mariá Aparecida Brochado. Da Consciência Moral a Consciência Jurídica. Belo Horizonte: Mandamentos, 2002.

161 MONCADA. Op. cit., p. 60.

Ditas as semelhanças, parece haver alguma diferença entre os gregos e os romanos que fizeram estes desenvolverem um sistema jurídico tão fenomenal. É que, além de sua vocação para o universal, os romanos tinham suas ações e interesses voltados para a prática e para a vida cotidiana, e sobretudo para o desenvolvimento e expansão de sua sociedade; uma preocupação pragmática[162], portanto, muito mais que os gregos.

Os romanos precisavam criar uma estrutura social que não podia contar apenas como uma *eticidade* no plano moral do dever, cuja efetividade se dava (tal como na *Polis* grega) pela unidade imediata da substância ética de uma cultura uniforme. Era preciso desenvolver a vocação do *ethos* para o plano objetivo de uma estrutura formal de ordenação em que aparece o indivíduo como sujeito na *Civitas* (e não mais como mero membro da *Polis*), que só encontra lugar no desenvolvimento de uma *consciência jurídica* com os elementos necessários à sua universalização[163].

Acreditamos que esta é a diferença fundamental: os romanos usaram a razão universalizante com os olhos voltados para a vida prática, para a vida ética e política, unificando juridicamente a sociedade, enquanto os gregos permaneceram por muito na filosofia teórica; e, quando voltaram seus olhos para a filosofia prática, fizeram-na sem se preocupar em criar

---

162 A esse respeito, veja-se o primeiro capítulo da Parte I do livro, quando tratamos das relações entre o legado grego e o gênio romano.

163 Cf. SALGADO, Joaquim Carlos. A Idéia de Justiça no Mundo Contemporâneo. Belo Horizonte: Del Rey, p. 22-40.

mecanismos de aplicação das reflexões desenvolvidas. Isto certamente por não precisarem destes mecanismos, por lidarem com a questão do agir como sendo um problema apenas da interioridade, enquanto dever, em virtude do modelo social grego, que permaneceu como Cidade-Estado até sua decadência. Já os Romanos, em virtude de sua vocação para uma estrutura cosmopolita, procederam de modo diferente.

Daí insistirmos da singular situação cultural dos Romanos, para o surgimento do Direito. O *Ius Civile* romano foi o ponto de partida, a grande construção jurídica,

> "a base primeira de sustentação de uma estrutura que o *ius honorarium* poliu e aperfeiçoou, e que completada com o *ius gentium* e a experiência das culturas dos povos conquistados, erigiu um monumento que venceu a força do tempo"[164].

2. Período do Direito Quiritário

A hermenêutica dos sacerdotes, o *mos* e o *fas*, as *leges actiones* , o *ius receptur moribus* e os jurisconsultos republicanos; a codificação do *Ius Civile* na Lei das XII Tábuas, a obra de Gnaeus Flavius, os *Tripertita*, a desmistificação da interpretação; o processo romano da *ordo judicorum privatorum*.

164 SILVA, João Batista. Processo Romano: instrumento de eficácia jurisdicional. Belo Horizonte: Líder, 2004. p. 23.

2.1 – Estrutura político-social da Cidade Romana e sua implicação na constituição prudencial do *Ius Civile Romanorum.*

O Direito Quiritário é o que vai das origens de Roma até o ano de 241 a.C., e se caracteriza como aquele desenvolvido sob a estrutura da cidade romana, a *Civitas.* É o Direito dos cidadãos de Roma, cuja vida neste período primitivo limitava-se às muralhas da cidade – *urbe*, assim como a religião. Daí vem seu nome: *ius civile* ou *ius quirittium* – direito dos cidadãos romanos, dos que habitam a Cidade. O *Ius Civile* tem como marcas o nacionalismo e o formalismo material, traduzido na indisposição para a consideração dos aspectos valorativos dos atos formais da vida jurídica[165].

2.1.1 – A Cidade Romana

A primitiva vida romana assentava-se sobre as instituições político-sociais das *famílias*, das *gentes* e, mais tarde, da *civitas*[166]. A família, marcada pelo vínculo religioso do culto aos antepassados, tinha, no chefe de família (o *pater*

---

165 Cf. MONCADA. Elementos de História do Direito Romano, cit., p. 26.

166 Sobre as organização e história política romana no período primitivo desta sociedade, a obra de Matos Peixoto vale ser consultada, por constituir talvez a mais detalhada obra de autor brasileiro nesse assunto. Cf. PEIXOTO, José Carlos Matos. Curso de Direito Romano - Tomo I. Rio de Janeiro: Renovar, 1996, p. 13 e seguintes. Para um estudo antropológico, indicamos a densa e interessante obra de Fustel de Coulanges. Cf. COULANGES, Fustel de. A Cidade Antiga. São Paulo: Martin Claret, 2001.

familias), que também era o chefe religioso, a autoridade máxima, inclusive no que tange ao Direito; nas relações entre familiares era ele quem o interpretava e declarava. Acima da família, estava a *gens*, grupo social mais largo formado por famílias que possuíam antepassados comuns.

Interessa-nos, sobremaneira, a *civitas*, conceito que correspondia à totalidade do povo romano organizado como sociedade política[167]. Manifestava-se por três órgãos fundamentais. Primeiramente, o Rei, supremo magistrado, que, em condição análoga à do *pater familias*[168], exercia as funções militares, religiosas e de administração da justiça[169]. Também se deve considerar o Senado, que, naquele momento, possuía uma função consultiva, certamente dotada de autoridade[170]. Finalmente, os Comícios, elemento democrático

167 Importa dizer que esta afirmação deve conviver com o fato de que, neste período, o poder público era dividido entre estas três instituições. Apenas a Civitas realizava a superior coordenação dos interesses da coletividade.

168 Cf. LAGES, Affonso Teixeira. Aspectos do Direito Honorário. Belo Horizonte: Imprensa Oficial, 1949, p. 16-7.

169 "Seus poderes não eram, porém, os de um rei absoluto, mas eram rigorosamente limitados, não só pelos preceitos da religião e do costume, as regras do *fas* e do *mos*, senão ainda, constitucionalmente, pelos dois outros órgãos da *civitas*, o senado e os Comícios." MONCADA. *Elementos de História do Direito Romano, cit.*, p. 32.

170 Composto inicialmente de cem, depois de trezentos membros, provavelmente escolhidos dentre os chefes das famílias e representantes das gentes. O senado, neste período, possuía uma função análoga à dos parentes próximos, aos quais os pater, não raro, consultavam. Cf. PEIXOTO. Curso de Direito Romano, cit., p. 20-1.

do Estado romano[171], assembléias nas quais, em última análise, residia a soberania do poder[172].

2.1.2 – Patrícios e Plebeus

Neste período, desenvolve-se, também, uma importante luta de segmentos sociais, de conseqüências relevantes para nosso objeto de investigação. Trata-se da luta entre Patrícios e Plebeus, tão difundida no meio jurídico.

No campo jurídico, essa rivalidade assentava-se no fato de

171 Sobre a questão do fundamento de legitimação do poder em Roma, cf. DINIZ, Márcio Augusto de Vasconcelos. O Princípio do Poder no Direito Público Romano e sua efetivação no Direito Público Moderno. Belo Horizonte: Universidade Federal de Minas Gerais: 2004 [Tese de Doutorado].

172 Os comitia eram de três espécies. Primeiramente, os comitia curiata, que tinham por base as cúrias, divisões do povo romano em número de trinta, dez para cada tribo (Tities, Luceres e Ramnes). Este comício era convocado pelo Rei e, apesar de ainda não possuir função propriamente legislativa, nada podia ser mudado nas instituições romanas sem seu voto de autorização. Presume-se que, através deste voto colegiado, os romanos elegiam o seu Rei. Pouco mais tarde, surgem os comitia centuriata, comícios por centúrias, como assembléia cujo corpo é, ao mesmo tempo, eleitoral, legislativo e bélico, e tinha como critério de participação a fortuna de cada um, determinada pelo censo. Estes comícios, que tiveram grande importância no período republicano, exerceram parte do papel legislativo, aprovando leis. Também os comícios por tribos, formados por circunscrições territoriais, que reuniam todo o povo romano, patrícios e plebeus, tinham competências similares às dos anteriores e, com o decorrer do tempo, avocou para si as funções destes. Cf. PEIXOTO. Curso de Direito Romano, cit., p. 48-59.

que o Direito não atingia, de maneira igual, a patrícios e plebeus, alimentando uma sensação de injustiça nestes. A diferença material nascia no fato de Direito e Religião se confundirem, e do Direito receber, portanto, forte influência da Religião. Os plebeus, portanto, não participavam deste Direito no início de sua formação, visto que não participavam da religião familiar[173]. Mas, na perspectiva da distribuição da justiça, também surgiram diferenças, que tinham origem no fato do Direito ser costumeiro, portanto, carente de maior determinação de sentido por parte dos intérpretes, que eram os sacerdotes, patrícios, e o aplicavam sempre de forma velada.

Dois foram, então, os objetivos dos movimentos plebeus. Primeiro, dar maior certeza ao direito, por meio da idéia de Lei escrita, que desembocou na Lei das XII Tábuas; segundo, racionalizar e democratizar a sua aplicação pela magistratura, o que se alcançaria com a *publicização* das práticas interpretativas e com acessibilidade dos plebeus aos cargos públicos.

Antes, porém, de prosseguirmos neste caminhar cronológico, que desemboca na República e suas instituições jurídicas e políticas, vale tecer mais alguns comentários acerca desta fase primitiva da jurisprudência romana.

2.2 – A Jurisprudência Primitiva

A *interpretatio* era a atividade dos sacerdotes, e se pode

---

173 Para os plebeus, que não participavam da religião familiar, os preceitos jurídicos desta religião faziam pouco sentido. Cf. COULANGES. A Cidade Antiga, cit., p. 260.

dizer que não tinha nada em comum com o conceito de interpretação de hoje, nem com as práticas dos próprios jurisconsultos do período clássico. Num período em que a fonte de direito, *ius*, era o *mos maiorum*[174], costume ainda muito vinculado ao *fas*, preceito da religiosidade, assim poderíamos descrever a atividade destes intérpretes:

> "Em Roma era tido como fato consumado que não poderia ser bom pontífice quem não conhecesse o direito e, reciprocamente, não poderia conhecer o direito sem conhecer a religião. Durante muito tempo os pontífices foram os únicos jurisconsultos. Como quase não existissem atos na vida humana sem alguma relação com a religião, quase tudo era submetido às decisões dos sacerdotes, considerados como únicos juízes competentes para uma infinidade de processos. [...] Eis o motivo por que os mesmos eram ao mesmo tempo, pontífices e jurisconsultos: direito e religião se confundiam numa só coisa"[175].

Disso, decorre uma interpretação esotérica, literal e intrinsecamente formal do Direito[176]:

---

174 "Nos tempos mais primitivos os costumes eram o modo de viver dos grupos familiares. Mas à medida que a civitas se vai afirmando, surgem os costumes dela (mores maiorum, mores civitates, ou simplesmente mores), nascidos do uso pacífico ou da reiteração de decisões jurisprudenciais". MOREIRA ALVES. Direito Romano, cit., p. 12.

175 COULANGES, Fustel de. A Cidade Antiga. São Paulo: Martin Claret, 2001, p. 206 e 207.

176 Cf. MEGALE, Maria Helena Damasceno e Silva. Hermenêutica Jurídica: interpretação das leis e dos contratos. [Tese de Doutorado]

"No entanto, deve ser feita uma advertência. No período anterior à instituição da magistratura pretoriana, a jurisprudência romana contribuiu para o desenvolvimento do *ius civile* mediante a *interpretatio* do *ius* existente, isto é, do direito consuetudinário: os jurisconsultos, na solução dos casos práticos que se lhes apresentavam e para a satisfação das exigências do comércio jurídico, propunham, por vezes, novos institutos ou novas formas de resolução dos problemas os quais, se compatíveis com os *mores*, passavam a fazer parte do *ius*"[177].

Belo Horizonte: Universidade Federal de Minas Gerais, 2001, p. 56 e seguintes. É de se ressaltar o já consagrado acontecimento relatado por Gaio em suas Institutas, na qual o vizinho lesado perde a contenda porque pronunciou videiras e não árvore na fórmula. O bem jurídico o era não apenas pelo seu valor, mas pela formalidade a ele atribuída. Neste caso, eles entendiam que o vizinho lesado realmente não tinha direito à reparação, visto que pronunciou erradamente a fórmula.

177 DINIZ. Interpretação no Direito Romano, cit., p. 4. Informação interessante traz-nos Moncada: "Pode-se dizer que a atividade de interpretação jurídica destes primeiros jurisconsultos consistiu toda, não numa obra puramente intelectual de lógica jurídica, mas numa obra de atualização e adaptação do direto civil às necessidades da vida real, estendendo a proteção jurídica de certas normas e preceitos à tutela de novos casos e situações primitivamente não previstas e não reguladas. Deste modo os pontífices, como mais tarde também o pretor, criaram muito direito novo. É o caso típico da emancipação dos filhos-famílias. Como não existisse no antigo ius civile esta instituição, os pontífices teriam aproveitado uma disposição das XII Tábuas relativa às pátria potestas (si pater filium ter venum duit, filius a pater líber esto). Ora, esta disposição que continha apenas uma limitação ao pátrio poder, foi aproveitada para dela ser

Essa foi a contribuição destes jurisconsultos. Mas vale ressaltar que:

> "Em princípio, por ser divina, a lei era imutável. [...] Durante longas gerações as leis não eram escritas; transmitiam-se de pai para filho, junto com a crença e a fórmula de oração. [...] Esses antigos versos eram textos inalteráveis. Mudar qualquer palavra, alterar seu ritmo, seria destruir a própria lei. No Direito primitivo, a forma exterior, a letra, é tudo; não há que procurar interpretar o sentido ou o espírito da lei. A lei não vale pelo princípio moral que o encerra, mas pelas palavras de sua fórmula"[178].

2.3 – Elaboração prudencial do Direito: a *ius moribus receptur*.

Nesse momento, o processo interpretativo da jurisprudência romana consistia mais em uma forma de criar direito novo, a partir dos *mores* sedimentados na cultura, do que dar novos sentidos às leis existentes, numa função atualizadora. A atividade destes intérpretes dá origem à *interpretatio ius moribus receptur* (recepção, reconhecimento prudencial do

extraído o instituto da emancipação dos filhos. O pai vendia três vezes o próprio filho como escravo a outro cidadão, e este manumitia-o depois de combinação com o pai uma, duas e três vezes; e, se da primeira e segunda, ocorria de o filho recair de novo sob a potestas do pai, à terceira isto não sucedia. O filho ficava livre". Cf. MONCADA. Elementos de História do Direito Romano, cit., p. 72.

178 COULANGES, Fustel de. A Cidade Antiga. São Paulo: Martin Claret, 2001, p. 210-11.

Direito a partir dos costumes embasadores da cultura):

> "Durante a Realeza e desde o início da República, o Direito romano, como se viu, era mais constituído de *mores* do que de *leges*. Somente quando havia necessidade de solução rápida para os problemas que a evolução sócio-econômica suscitava é que estas últimas eram elaboradas. Ademais, entre estas duas formas de expressão do *jurídico* naquele período, não havia relação de supra/infraordenação. Ambas se encontravam num mesmo patamar hierárquico. Havia, pois, íntima conexão entre a *interpretatio* e a formação consuetudinária do *ius civile romanorum*; os *mores* eram as formas qualificadas de expressão do Direito e a *interpretatio-moribus receptur* era o mecanismo através do qual ele se produzia - foi graças a esta relação que ele pôde se desenvolver durante vários anos sem muitas intervenções de natureza legislativa"[179].

A *ius receptur* deu o tom da atividade interpretativa que, mais tarde, os pretores desenvolveriam e que desembocaria, não só na produção do *ius honorarium*, como também, mais a frente, no período clássico, do *ius prudentium*, com os jurisconsultos clássicos.

2.4 – As Modificações republicanas no *Ius Civile.*

A já apontada polaridade entre patrícios e plebeus perdurou durante boa parte da República. Após a queda dos reis, observa-se, na estrutura jurídico-política romana, um

179 DINIZ. Interpretação no Direito Romano, cit., p. 7.

aumento gradual da importância do Senado, seguido do desenvolvimento das magistraturas que surgiram para suprir o papel do *rex*[180]. Segue-se, também, um aumento da produção legislativa por parte dos comícios, o que gerou, no auge da República, em relação às fontes do Direito, uma divisão de importância entre costumes e lei, sem, portanto, haver uma hierarquia entre essas formas do *ius*[181]. Tais movimentos sócio-políticos implicaram numa vasta plêiade de inovações no plano do Direito, que apresentaremos a seguir.

---

180 Os primeiros a surgir na estrutura política romana são os Cônsules, que assumem a posição de chefe máximo do Estado, exercida a função sob os princípios da eletividade e anuidade. Com o desenvolvimento da estrutura social e a necessidade política de retardar a conquista dos plebeus da igualdade no exercício do poder, vieram os quaestores, os censores, os pretores, os tribunos, e outros como os edis curulis. As funções administrativas, policiais, bélicas e judiciárias eram repartidas entre estas magistraturas, sendo que, por condensarem importante parcela das funções judiciárias, e serem o carro chefe das mudanças no sistema jurídico romano, os pretores, urbano e peregrino, foram um importante objeto de estudo dos jurisconsultos, assumindo um posto preponderante nas obras do período clássico. Cf. PEIXOTO. Curso de Direito Romano, cit., p. 29-43.

181 Na República, os comícios por cúria perdem campo para os comícios por centúria, que passam a ser o principal produtor de leis, acompanhados pelo comício por tribos e pelos comícios da plebe; esses dois últimos, até o final da República, assumirão gradualmente o papel preponderante. Cf. PETIT. Tratado Elemental del Derecho Romano, cit., p. 51.

2.5 – Codificação do *Ius Civile* e suas conseqüências para a interpretação do Direito: a experiência das XII Tábuas.

2.5.1 – A importância histórica da Lei das XII Tábuas.

Ao desenvolver uma consciência jurídica, fica claro, como visto, a vocação dos povos do Lácio, herdada espontaneamente dos gregos, para o universal. O que talvez tenha sido influência direta dos gregos, por meio do posterior contato das culturas, foi a capacidade de abstração destes, consubstanciada na idéia de 'lei escrita'[182], que veio se somar ao gênio romano. Tanto é que não foi difícil para os romanos assimilarem essa idéia, pois a abstração advinda dessa estrutura encaixava-se perfeitamente no esquema de universalidade da consciência jurídica romana.

Deve-se somar, a essa vocação para a Lei, um entendimento do momento histórico peculiar da sociedade romana ao final da Realeza para que então possamos compreender o que chamaremos de primeiro movimento estruturante do Direito Romano (ou primeiro movimento codificador): a experiência da Lei das XII Tábuas.

No campo jurídico, uma situação de ebulição de uma nova estrutura de juridicidade assentava-se no ambiente de mudança social, oriundo da rivalidade entre patrícios e plebeus, cujas bases já apresentamos. Como uma das medidas fundamentais para a pacificação e organização social,

182 Podemos perceber, já no ius non scriptum romano, uma conotação universalizante, que, incompleta, encontrava-se no movimento de aquisição de consciência jurídica, caminhando necessariamente para a idéia de Lei escrita. *Cf.* MOREIRA ALVES. *Op. cit.*, p. 81.

determinou-se que estudiosos das legislações (os *decenviros*), elaborassem, após viagens e pesquisas, um corpo de normas escritas que atendesse à solução das principais questões enfrentadas naquele momento histórico de Roma: surge a Lei das XII Tábuas.

Com a noção de lei escrita nela efetivada, promoveu-se um ambiente de maior previsibilidade e certeza do direito, traduzido, também, na publicidade dos pontos de partida dos processos de aplicação do Direito, fomentando uma racionalização da Jurisprudência. Tais inovações jurisprudencias foram amplamente relevantes na tarefa de construir a unidade do povo romano, entre patrícios e plebeus e, posteriormente, entre romanos (cidadãos oriundos das famílias romanas), os *romanis* (cidadãos romanos oriundos da península itálica) e os estrangeiros dominados (que, num processo de ampliação das bases sócio-culturais romanas, foram progressivamente adquirindo cidadania romana, durante o desenrolar do Império).

Mas, retornando às considerações sobre a Jurisprudência no período quiritário, nota-se que, com a inovação da Lei das XII Tábuas, em nenhum momento, aparece a intenção de se proibir ou limitar a prática hermenêutica, o que se quer é cercá-la de publicidade e de racionalidade, para atender ao anseio de objetividade capaz de produzir uma real igualdade. Agora, a atividade interpretativa, ao invés de se remeter diretamente apenas à fluidez dos *mores* para dali retirar sua medida de certeza e universalidade do justo (o Direito), buscaria essa mesma justiça, mas pela via da referência segura e racional à estrutura precisa da Lei.

2.5.2 – O caráter codificador da Lei das XII tábuas

Como vimos, dos desdobramentos do movimento político de inclusão do plebeus na estrutura jurídico-política de Roma, uma série de mudanças foram desencadeadas, caracterizadas pela maior distribuição das competências públicas (dentre elas, da competência legislativa e jurisdicional[183]; por um aumento da produção legislativa por parte dos comícios, bem como uma intensificação do papel dos magistrados, acabando por produzir uma relação de equivalência entre costumes e das leis no período da República, sem haver uma hierarquia entre essas formas do *ius*.

Essa primeira onda de *complexificação* da *Civita* romana, que consiste na inserção da plebe em sua estrutura, produz a necessidade de se organizar o Direito, reuni-lo em um texto escrito, capaz de lhe atribuir publicidade e clareza, fixando, de modo seguro (portanto prévio e certo), a medida das condutas.

GUARINO delimita a dimensão *codificante* das XII Tábuas:

> "Os posteriores problemas que se apresentaram à plebe, no quadro de sua aspiração de equiparação com os patrícios, foi aquela de obter: de um lado, um acertamento definitivo dos princípios do *ius quiritium*, sem que este fosse subtraído ao arbítrio da *interpretatio* e da *iurisdictio*; de outro, e correlativamente, um reconhecimento e

183 No caso da experiência jurídica romana, poderíamos apenas, se quiséssemos, falar em jurisdição para designar tanto a dicção 'em abstrato', quanto a dicção 'em concreto' do Direito.

> uma confirmação das novas práticas consuetudinárias patrício-plebéias como sendo *ius*. O coroamento de ambas as supostas aspirações foi realizado sobretudo por meio da emanação das *leges XII tabulorum*. (tradução nossa)"[184].

GUARINO chega, por isso, a afirmar que, pela Lei das XII Tábuas, formou-se um novo sistema jurídico, que, para ele, pode chamar-se *ius legitimum vetus* e afirma que a tradição romana a considera, por isso, uma imponente codificação.[185]

Importante se faz, porém, destacar que a *lei decenviral* não possuía um elemento que hoje é tido como essencial a um Código: seu caráter de completude. As XII tábuas não reuniram em si todo o *ius civile*. E isso por uma razão muito simples, as Leis, no período primitivo ou pré-clássico do Direito Romano, não eram revogáveis. Mesmo existindo outras normas para regular a questão, elas permaneciam vigentes. Era, portanto, complicado e mesmo desnecessário codificar todo o direito em vigor. O que fez a Lei das XII Tábuas foi codificar (e, com isso, organizar) aquele direito dúbio à época, ou mesmo lacunoso. O que ela fez foi organizar os aspectos do Direito que geravam as insatisfações e as discórdias na sociedade à época, ou seja, aqueles aspectos do Direito que não podiam permanecer como estavam, pois, ao contrário de outros aspectos, que funcionavam bem, geravam instabilidade e, com isso, injustiça.

Aprimora-se a estrutura jurisprudencial. A *laicização* e

---

184 GUARINO, Antonio. Storia del Diritto Romano. 4. Ed. Riveduta. Napoli: Eugenio Jovene, 1969, p. 129-30.

185 Cf. GUARINO. Op. cit., p. 130-31.

publicização da atividade jurídica, impulsionada pela Lei das XII Tábuas (450 a.C.) trouxe publicidade e previsibilidade ao Direito (pretensão de segurança jurídica), com a finalidade de uma *equitas iuris* entre as classes. Mas a interpretação do Direito continuava secreta e nas mãos dos pontífices. Eram eles que, a partir do costume, preenchiam as lacunas da *lei decenviral*, assim como diziam e regulavam os procedimentos e fórmulas da lei para a resolução dos conflitos, pois a Lei "havia determinado não mais que linhas gerais de alguns casos de aplicação"[186]. A questão era a estrutura do processo de aplicação do direito, pautado no procedimento denominado 'ações da lei', *leges actiones,* de que falaremos adiante. Como só os pontífices conheciam os procedimentos e as fórmulas (*actiones*), os plebeus estavam obrigados a os consultar em caso de litígio.

Cabe, por fim, ressaltar que a Lei das XII Tábuas não foi o primeiro texto normativo existente, nem o primeiro a ditar regras de modo geral, mas, com certeza, inaugurou o uso que a Lei, na função privativa dessa fonte do Direito, passaria a desempenhar em Roma, ou seja, inaugurou o uso da Lei como forma de postura de um modelo de conduta, como

186 PETIT. Tratado Elemental del Derecho Romano, cit., p. 54. As leis das XII Tábuas pouco diziam acerca das fórmulas e procedimentos das ações porque, acreditamos, estas já eram reguladas pelos costumes, naquele momento, nas mãos dos sacerdotes. Aliás, a estrutura jurisdicional, fazendo parte da organização do poder em Roma, portanto, de suas normas constitucionais (em sentido clássico), formavam o corpo do ius nom scritum romano, junto, em regras, com as demais normas de direito público.

implementação de um modelo novo. É com a Lei das XII Tábuas que surge o que os romanos chamavam de ius positum, oposto ao ius receptum que é o direito apresentado pela recepção das práticas sociais. O ius positum, pelo contrario, é o Direito que estabelece e 'impõe' legitimamente novas práticas à sociedade, dando movimento processual histórico ao Direito. Esse foi o papel das XII Tábuas. Essa, a sua grande obra, só possível em razão da procura e da pesquisa iniciada pela necessidade de compatibilizar o convívio harmônico entre conjuntos culturais diversos que habitavam um mesmo solo, falavam a mesma língua, mas viviam como se estrangeiros fossem na terra do outro.

2.6 – A Jurisprudência dos primeiros Jurisconsultos Romanos.

Neste momento é que podemos dimensionar a importância das obras de GNEUS FLAVIUS, SEXTO ELIO e TIBÉRIO CURNICANO:

> "Ao trabalho dos pontífices seguiu-se a obra dos jurisconsultos republicanos. Nos meados do séc. IV a.C., GNEO FLAVIO tornou público o livro de ÁPIO CLAUDIO que continha o calendário e as fórmulas das ações legais. Embora não existam dados exatos sobre essa publicação, que se conhece com o nome de *Jus Flavianum*, sabe-se que foi o primeiro livro que permitiu ao povo interpretar o direito, emancipando-se da autoridade pontificial. Desde então, tornou-se o Direito objeto de estudo dos plebeus, e TIBÉRIO CORUNCÂNIO, no século III a. C., foi o primeiro a divulgar a matéria jurídica

> documentada nos arquivos judiciais e a interpretar o direito, emitindo pareceres ao público. No séc. II a. C, entre os primeiros trabalhos científicos no campo da interpretação destaca-se a famosa obra do jurisconsulto SEXTO ELIO PETO, denominada *Tripertita*, a qual é considerada como sendo o primeiro comentário às XII Tábuas"[187].

A primeira obra dá publicidade à aplicação do direito[188]; a segunda, já mais tarde, *Tripertita*[189], realizou a primeira sistematização do Direito. A obra tem este nome porque dividida em três partes: trazia o texto das XII Tábuas, sua sistematização, e os ritos correspondentes às ações da lei[190] .

A abertura para a racionalização da Hermenêutica na busca da efetivação do justo completa-se com TIBÉRIO CURNICANO (254 a. C.)[191]:

> "O primeiro plebeu a ser *pontifex maximum*, foi também o primeiro a dar consultas públicas sobre o Direito. Outros seguiram seu exemplo, e logo foi uso geral em todas as disputas tomar consultas de um ou vários

187 MEGALE. Hermenêutica Jurídica: interpretação das leis e dos contratos, cit., p. 59.

188 O Ius Flavianun, ao dar publicidade ao direito, é importante para o desenvolvimento da interpretatio, porque se passou, então, a esperar fundamentação racional dos pareceres e decisões jurídicas.

189 Apesar de datar de 198 a.C., parece que a obra é o resultado de compilação feita pelo autor das interpretações e fórmulas referentes às XII Tábuas, oriundas do século anterior. Cf. PETIT. Tratado Elemental del Derecho Romano, cit., p. 56.

190 PETIT. Tratado Elemental del Derecho Romano, cit., p. 55.

191 Ano em que se tornou sumo pontífice.

> jurisconsultos. Inclusive os magistrados acostumam-se ao uso de um *consilium* de prudentes, aos quais consultavam em cada pleito"[192].

Percebe-se que a codificação do Direito operada pela Lei das XII Tábuas, antes de representar uma limitação da atividade interpretativa, possibilitou o despontar dessa atividade para a racionalidade, dando o pontapé inicial para a construção do Direito Romano em sua versão magistral, a do Período Clássico.

Esses jurisconsultos, que assimilaram e deram nova dimensão, mais científica, ao *receptus moribus*, abrem, ao lado dos magistrados, com o *ius honorarium*, o caminho para o momento de maior perfeição e racionalidade da jurística romana, no período Clássico do Direito Romano, que veremos mais a frente. Antes, porém, de chegarmos ao período clássico, faz-se mister uma reflexão acerca da obra dos magistrados no final deste período, principalmente o papel do pretor – magistratura criada em 367 a.C.

2.7 – Contribuição da Magistratura Republicana.

A Jurisprudência passa a ser uma atividade marcada mais pela racionalidade que pela religiosidade, e feita tendo em vista uma maior participação da lei como elemento do *ius*, o que exige uma adaptação da atividade interpretativa dos magistrados, que passaram a lidar com as questões que a

---

192 PETIT. Tratado Elemental del Derecho Romano, cit., p. 56. Já Moreira Alves afirma ter sido Tibério o primeiro a ensinar publicamente o Direito. Cf. MOREIRA ALVES. Direito Romano, cit., p. 27.

cristalização do Direito na lei impunha a eles, numa sociedade em ebulição.

> "A solução mais eficaz para tais problemas operou-se com o surgimento do *ius honorarium*, vez que as exigências da expansão social e comercial passaram a ser supridas pelos próprios pretores, através da concessão de tutelas e 'remédios' processuais, muitas vezes não previstos ou contemplados pelo *ius civile* - as *leges*, ainda nesse período, exerciam a mesma função suplementar, isto é, quando não se pudesse esperar pela formação consuetudinária da solução jurídica concreta e se submetiam ao mesmo e multifásico "processo legislativo" em vigor"[193].

A Lei surge como tentativa de suprir a lentidão da formação normativa consuetudinária, mas a Lei em sua abstração também era insuficiente, pois não dava conta de, por si só, resolver as particularidades do caso concreto. Para suprir as dificuldades da desatualização do costume e da abstração da lei, a prática dos magistrados deu origem ao *ius honorarium*; neste momento, os magistrados, auxiliados pelos jurisconsultos, mais que interpretar o direito, criavam direito a partir da interpretação/formação do *ius*.

O papel do pretor na atualização do Direito pode ser dimensionado a partir do estudo do que foram os Éditos dos magistrados. Como todo direito deveria pressupor ação expressamente correlata a ele, o que nos leva à metáfora do Direito dos Magistrados como sistema de ações, os éditos eram

193 DINIZ. A Interpretação no Direto Romano, cit., p. 7.

verdadeiras fontes de direito[194]. Eram publicados no princípio da magistratura de cada *honor*, e permaneciam obrigatórios durante todo o ano[195]. Sua autoridade terminava com o

---

194 "Enfim, por que era o edito dos magistrados fonte de direito? Eis a explicação. No edito dos magistrados judiciários eles não se limitavam a relacionar os meios de proteção (ações) aos direitos decorrentes do ius civile (na República, integrados pelos costumes e leis). Desde tempos remotos, esses magistrados, com base no seu imperium (poder que lhes permitia dar ordens a que todos deviam obedecer), concediam medidas judiciais – por exemplo, os interditos – que visavam a corrigir, suprir ou afastar a aplicação do ius civile, quando este lhes parecesse iníquo. Com o advento da Lei Aebutia (que introduziu, na metade do século II a. C., o processo formulário), essa interferência aumenta, porquanto os magistrados judiciários, que passaram a redigir um documento – a fórmula – onde se fixava a demanda a ser julgada, se arrogaram, a pouco e pouco, o direito de denegar, quando lhes parecesse justo, ações que tutelavam direitos decorrentes do ius civile (o que evidentemente tirava a eficácia prática desses direitos); bem como de criá-las para proteger situações não previstas pelo ius civile – que lhes parecessem dignas de tutela. Ora, nesse último caso, tais ações assim tuteladas passavam, na prática, a ter eficácia jurídica, dando nascimento a verdadeiros direitos. Motivo pelo qual o Édito é considerado fonte de direitos em Roma". MOREIRA ALVES. Direito Romano, cit., p. 23.

195 Havia, também, os éditos repentinum. Eles eram promulgados no decorrer do exercício anual do magistrado, sempre que surgia situação não prevista no edictum perpetuum – o édito anual (esta expressão foi mais tarde consagrada por Adriano, na compilação que mandou fazer dos éditos, a que deu o nome de Édito Perpétuo. Mas o sentido original de edictum perpetuum é daquele que era promulgado no início da magistratura e era perpétuo no sentido de permanecer válido até o final desta). Mais tarde, veremos, o edictum repentinum foi abolido, e o edictum perpetuum, codificado.

fim dos poderes do autor. O pretor seguinte, livre para modificar suas disposições, na realidade, alterava apenas uma parte, a maioria das disposições era mantida, de édito em édito, conservadas em virtude da verificação prática de sua utilidade; o uso acabava por lhes dar força de lei[196].

Neste momento, porém, o que percebemos é a predominância do *ius civile* (direito formado pela interpretação criadora dos primeiros jurisconsultos), enquanto o *ius honorarium* será manifestação predominante do direito clássico[197]. Isto porque, uma vez que estamos ainda no modelo das *leges actiones*, não cabia ao magistrado, com condição de participação limitada por essa estrutura, redigir e adequar as fórmulas. Estas eram expostas pelos jurisconsultos antigos a partir da lei. Portanto, no período antigo, a interpretação era desenvolvida, preponderantemente, pelos jurisconsultos. Como veremos, o *ius honorarium*, aqui já exposto em seu momento de plenitude, só alcançará tal qualidade com o advento do processo formular, quando o magistrado passa a redigir as fórmulas, chamando para si a responsabilidade de atualizar o Direito. Antes disto, porém, o pretor atuou durante um século inteiro sob as amarras das ações da lei. O *ius honorarium*, neste período, ainda era muito incipiente, em virtude dessas amarras, somente com a transição, no período clássico, para o processo *per formulas*, é que ele pôde se

196 Cf. PETIT. Tratado Elemental del Derecho Romano, cit., p. 57; bem como, cf. BONFANTE. Historia Del Derecho Romano, cit., p. 335. É de notar a força dos costumes e da tradição na formulação do ius honorarium.

197 BONFANTE. Historia Del Derecho Romano, cit., p. 187.

desenvolver plenamente da forma como apresentamos. Para concluirmos esta parte, resta, justamente, tecer comentários acerca da *leges actiones*.

2.8 – A Estrutura processual do Direito Quiritário: a *ordo judicorum privatoum* e as *leges actiones*.

O processo romano desenvolveu-se, em grande parte de sua existência, sob a fase evolutiva da teoria processual do arbitramento obrigatório[198] – apenas nos tempos finais do Direito Romano, deixará de ser assim. Este sistema é organizado sob a *ordo judicorum privatorum*, que divide a instância em duas fases. A primeira, a *in iure*, que se desenvolve diante do magistrado; a segunda, a *apud iudicem*, que se processa diante do *iudex*, o árbitro, um particular que julga o conflito após a verificação pelo magistrado do direito em jogo, da forma dos atos em litígio, e das questões de fato a serem esclarecidas.

O procedimento das *ações da lei*, denominação dada ao modelo processual adotado nessa fase inicial da jurisprudência romana, obedecia a três etapas: a *in ius vocatio*, a *in iure* e a *apud iudicem*[199].

---

198 Cf. MOREIRA ALVES. Direito Romano, cit., p. 181-202. Caracterizava-se pelo chamamento do réu ao processo a cargo do autor, que, após pronunciar palavras solenes, poderia conduzir o réu forçosamente a juízo pela designação, após a devida delimitação das questões de direito controvertidas pelo magistrado, de um árbitro (o judex) julgar as questões de fato apontadas.

199 MOREIRA ALVES. Direito Romano, cit., p. 185 e seguintes.

A grande questão é que, neste sistema, a fase *in iure* é totalmente formal e solene, o magistrado tem apenas o papel de checar se as partes pronunciaram corretamente as fórmulas e as adotaram corretamente. Tudo que o magistrado podia fazer era, nos éditos, e ainda de forma limitada, trazer, para a proteção de uma fórmula (uma ação, que era a condição de, em se tendo preenchido certos requisitos formais na realização de um ato, exigir suas conseqüências jurídicas) já existente, casos que, a princípio, não seriam tutelados por ela.

Muitos estudiosos afirmam ser a modificação da estrutura processual das *ações da lei* para a fase histórica posterior do processo *per formula* o grande fator possibilitador do esplendor da jurisprudência clássica romana[200]. Antes da lei, ainda incipiente, eram essas fórmulas que representavam o regime jurídico, e elas continuaram a exercer, por muito tempo, um papel fundamental na estrutura normativa do Direito Romano, o que explica a grande atenção que os jurisconsultos, também na época clássica, deram a ela, já num outro momento.

> "As formas bizarras do antigo processo romano não nos surpreenderão se lembrarmos que o direto antigo era a religião; a lei, um texto sagrado; a justiça, o conjunto de ritos. O demandista procede legalmente contra alguém, com a lei, *agit lege*. Pelo enunciado da lei apodera-se do adversário. Se trocasse uma palavra por outra, a lei

200 Cf. VILLEY, Michel. Direito Romano. Porto: Res Jurídica, 2001, p. 60.

deixaria de existir, e não o poderia defender"[201].

2.9 – Considerações finais: contribuições do Período Quiritário.

Não podemos nos esquecer, porém, das contribuições desse período para a formação da jurística romana, da *arte do direito*, ainda hoje importante como estrutura viabilizadora da construção jurídica de soluções justas para os conflitos da vida social. Esse direito arcaico – que se revela de pouca humanidade, com ausência total de independência entre os membros da família, e cujo formalismo parece revesti-lo de uma miopia quase absurda – revela, porém, surpreendentemente, em seu espírito, ressaltado por IHERING[202], e a partir de sua evolução, já descrita, duas grandes contribuições (fora as já destacadas) que, persistindo no tempo, norteiam a ciência jurídica moderna e, notadamente, a Hermenêutica Jurídica.

A primeira dessas contribuições materializa-se na noção de autonomia, entendida como a liberdade. No *Ius Civile*, a liberdade do *pater familiae* consiste em possuir uma esfera de atividade independente, já que "o romano é o único responsável pela maneira como exerce seus direitos sobre sua propriedade e sua família"[203], neste sentido, ele é independente

201 COULANGES, Fustel de. A Cidade Antiga. São Paulo: Martin Claret, 2001, p. 211.

202 Cf. IHERING, Rudolf von. El Espiritu del Derecho Romano. 5 ed. Madri: Casa Editorial Bailly-Bailliere, 1957.

203 VILLEY. Direito Romano, cit., p. 50.

e livre. Esta noção, impossível no mundo grego, é de extrema importância para a compreensão da força da autonomia na criação de direitos e deveres, nas leis e nos contratos, norteando e determinando, sensivelmente, a atividade interpretativa, que encara o valor liberdade como um elemento fundamental na determinação de sentido.

A outra contribuição, resultante da primeira, está na caracterização de uma intensa busca por certeza e precisão. Esse Direito de contornos precisos, com pouco lugar para o arbítrio do juiz, procura sempre trazer certeza para o exercício do direito por parte dos indivíduos[204]. Mesmo que de uma forma ainda por demais artificial e insuficiente, que desconsidera ainda a eqüidade como a outra fundamental componente do conceito de justiça, a idéia de se estabelecer critérios exteriores, certos, indiscutíveis para o exercício e reconhecimento das faculdades é um importante passo, que não deve ser desconsiderado. Ao lado da eqüidade, a segurança jurídica e a certeza devem sempre ser objetivos a impulsionar o intérprete. No período quiritário, a formalidade do direito foi a maneira de se garantir esses valores, como elementos indispensáveis de respeito à liberdade dos cidadãos, por meio

---

204 "Eu posso estabelecer que tal coisa é minha por meio de critérios exteriores, certos, indiscutíveis. Para que eu tenha direito a tal soma que me prometeu o meu devedor, é preciso que tenham intervindo solenemente os ritos não ambíguos da *sponsio*. Para que eu seja proprietário de uma terra, que me venderam, é precisa a intervenção perante testemunhas, da cerimônia solene chamada *mancipatio*. Assim o determina, com precisão a Lei das XII Tábuas: VILLEY. *Idem*, p. 51.

da redução do arbítrio na dicção do Direito.

A partir desta base, a jurisprudência clássica construirá o edifício jurídico sólido e equilibrado, em que a eqüidade pode se fazer presente, sem se confundir com incerteza ou arbitrariedade.

3. Período do Direito Romano Universal ou Clássico

> A abertura racionalizante da jurisprudência à eqüidade; o desenvolvimento do processo formular; o *ius honorarium*; a atividade interpretativa dos jurisconsultos clássicos e a categorização do Direito; as escolas de interpretação: sabinianos e procurianos; e o *ius respondendi*.

3.1 – Fundamentos da Jurisprudência Clássica romana.

São várias as circunstâncias e razões que possibilitaram o desenvolvimento do período Clássico do Direito Romano.

Até então, o que observamos é que era principalmente o consenso tácito do povo que fundamentava o *ius civile*, por meio da *receptur moribus*. A *interpretatio* era o meio de recepção da normatividade; o que lhe atribuía um caráter semelhante ao dos processos de elaboração de leis. Sua legitimidade advinha da sua confirmação prática na vida concreta pelo *consensus omnium*[205].

---

205 Cf. DINIZ. A Interpretação no Direito Romano, cit., p. 5.

3.1.1 – Alargamento das estruturas político-sociais da República.

O período da Jurisprudência clássica coincide com o período do Direito Romano Universal, ou Das Gentes. O fato é que Roma já não é mais a *Civitas* apenas. É rompida a estrutura da Cidade Antiga[206], e, agora, o Estado Romano toma a estrutura de uma nação de fronteiras alargadas – já extra-peninsular. Assim sendo, o comércio, a política e a sociedade tornam-se mais complexos. A ebulição social requer um Direito e uma ciência do Direito em ebulição; a interpretação ganha maiores desafios.

3.1.2 – Profusão das estruturas de produção e formalização do Direito

De outro lado, neste período, temos uma profusão ímpar de fontes normativas: o costume, as leis (leis comiciais e senatoriais), os Éditos dos magistrados (*ius honorarium)*; mais tarde, as respostas dos prudentes dotadas de força normativa (o *ius prudentium*) e as constituições imperiais. Todas essas fontes requerem do intérprete do Direito uma elaboração teórica racional e categorizadora das questões jurídicas (as *questio juris*), que vão se apresentando no decorrer da experiência romana. Esse labor intelectual e prático de

206 Nesta época, cai, aos poucos, a distinção, de início, nítida, entre ager romanus e ager publicus. O território romano rompe as muralhas da urbi. Não que a conquista romana já não fosse além destas, mas que as terras conquistadas não eram consideradas, ainda, nação romana. Cf. COULANGES. A Cidade Antiga, cit., p. 398-412.

organização da pluralidade de normas e institutos cada vez mais complexos e sofisticados, rumo a uma maior eficácia no tratamento dos conflitos sociais, cada vez mais diversificados, atingirá o ápice ao final desse período, fazendo surgir a primeira literatura jurídica digna do nome de Doutrina.

3.1.3 – Intensificação da interação com o pensamento helênico via estoicismo

Já ressaltamos, em passagem anterior, o movimento cultural romano de abertura da normatividade para a racionalidade (que é justamente o que vai fazer aparecer o Direito, não mais indiferenciado da Religião). A interpretação deixa de ter caráter religioso, centrado na idéia dos deuses protetores da Cidade[207], deixa de buscar seu fundamento no esotérico e puramente transcendente, para o buscar na racionalidade imanente ao homem, no *logos*, na *recta ratio*:

> "Desde o fim da República, a autoridade dos prudentes ganha uma nova força com a filosofia grega, que, depois de uma rejeição temporal do Senado, foi professada livremente em Roma. O Estoicismo, sobretudo, tem nos romanos ilustres adeptos, aos quais agradava sua moral e sua elevada doutrina de ensinar a amar a virtude por si mesma. Os jurisconsultos encontravam nela uma noção nova: a de um direito inato, fundado na razão e superior às leis escritas. Assim, aprenderam a temperar com a

207 "Uma vez despertado o hábito da reflexão, o homem nunca mais quis crer sem compreender, nem deixar-se governar sem discutir suas instituições". COULANGES. A Cidade Antiga, cit., p. 379.

eqüidade o que as deduções lógicas do direito civil primitivo poderiam ter de demasiado rigoroso. Por último, buscaram na filosofia grega um método mais científico, que influenciaria positivamente seus trabalhos e os dos jurisconsultos do principado"[208].

A influência estóica e a busca do *ius naturalis* como fundamento da atividade interpretativa possibilita à *jurisprudentia* romana o desenvolver de sua racionalidade – razão universal, mas que, estoicamente, está presente no ser humano, como em todas as coisas[209] – sem abrir mão do conteúdo ético de sua atividade. A *interpretatio* como método, contém uma feliz "imprecisão": ela não é só forma, é forma e conteúdo, dado pela *recta ratio*[210].

---

208 PETIT. Tratado Elemental del Derecho Romano, cit., p. 55 (tradução nossa).

209 "Em toda a natureza, o bem é o que encerra a presença do Todo e a conserva. [...] Necessário é pensar sempre no seguinte: Qual a natureza do Todo? Qual a tua natureza? Qual a relação entre uma e outra? Que parte a tua representa, de que Todo? Que ninguém te pode impedir de sempre falar e agir segundo a natureza de que és parte." MARCUS AURELIUS. Meditações. São Paulo: Martin Claret, 2001. p. 23.

210 "A razão, quando é madura e perfeita, é corretamente chamada de sabedoria". "Aqueles que possuem razão em comum também devem ter a razão correta (recta ratio) em comum. E como a razão correta é a Lei devemos acreditar que os homens também têm a Lei em comum com os deuses. Além, disso, aqueles que compartilham a Lei também devem compartilhar a Justiça; e aqueles que compartilham isso devem ser considerados membros da mesma comunidade". [...] "Mas qual nação não ama a cortesia, a bondade, a gratidão? E qual o povo que não odeia e despreza o arrogante, o mau, o

3.1.4 – Aprimoramento da estrutura de aplicação processual do Direito

Outra significativa mudança, que coroa as modificações trazidas pelos primeiros magistrados e jurisconsultos laicos, e que possibilita o desenvolvimento das conquistas e obras iniciadas por eles, tais como já as expusemos, é o surgimento do processo formulário – que se consolidou entre a promulgação da lei *Aebutia*, no séc. II a.C., e a promulgação das leis *Juliae*, em 149 e 126 a.C., cuja característica marcante é a fórmula que, escrita pelo magistrado, representa um aumento da participação deste – conseqüentemente, um aumento da participação do Estado – na jurisdição.

Quanto a este último elemento de desenvolvimento da jurisprudência romana, em verdade, é difícil dizer se é o advento do processo formular que intensifica o desenvolvimento jurisprudencial romano, ou se, antes, não foi esse desenvolvimento que possibilitou tal avanço na estrutura jurisdicional de Roma. Provavelmente, ambas as inferência estão corretas.

---

cruel, e o ingrato? "[...] ora, todos os homens receberam a razão e por conseguinte, todos os homens receberam a Justiça". CÍCERO. As Leis – Livro I [Grandes Filósofos do Direito. Clarence Morris (org.); tradução Reinaldo Guarany]. São Paulo: Martins Fontes, 2002, p. 37-8.

3.2 – O processo formular romano e o *ius honorarium*: aprimoramento das estruturas de dicção e aplicação do direito rumo à concretização da justiça.

A grande chave para a compreensão do desenvolvimento da Jurisprudência romana reside no entendimento do aprimoramento que o *ius honorarium* (o direito dos *honor*, dos magistrados) promove em relação ao *ius civile* (o direito antigo da Cidade).

O pretor, magistrado, tinha o *ius edicendi*, o direito de estabelecer normas e definições, e o poder de proferir decisões sobre o sentido do direito que desejava que tivesse vigência durante o seu mandato. Ao estabelecer o direito na ausência ou obscuridade das fórmulas legais, ou ao suplantá-lo, corrigindo-o ou aprimorando-o, o *praetor* o fazia, sobretudo, fundamentado no *imperium* e guiado pela *prudentia*, na elaboração das regras e pela *equitas*, na sua aplicação atualizadora[211]. Pelo *imperium* – manifestação da soberania romana, cuja parcela de exercício era a ele delegada (com as devidas limitações de matéria, forma e tempo do exercício desse poder) –, revestia de *legitimidade ontológica*[212] seus atos de decisão (fossem de caráter elaborativo, ou aplicativo do Direito). Pela *prudentia* e pela *equitas*, revestia-se da *autorictas*, haja vista que, além de legitimado do ponto de vista

---

211 SILVA, João Batista. Processo Romano: instrumento de eficácia jurisdicional. Belo Horizonte: Líder, 2004, p. 28.

212 No sentido de legitimação na origem e forma de exercício do ato. Cf. SALGADO, Joaquim Carlos. O Estado Ético e o Estado Poiético. Revista do Tribunal de Contas, Belo Horizonte, v. 27, n. 2, p. 37-68, abr.-jun. 1998.

ontológico, revestia-se de legitimidade teleológica, pois sua atuação assume, na vida jurídica romana, uma vinculação não apenas com aquilo racionalmente concebido como justo, mas principalmente com o que as experiências revelavam como tal[213].

Ademais, a jurisdição ia para além do dizer o direito no sentido que hoje lhe atribuímos – proferir uma decisão numa lide aplicando a lei ao caso concreto. Significa, desde a pesquisa e o conhecimento do direito, à sua declaração e, então, aplicação na busca de sua efetividade. Afinal, em Roma, conferir um direito significava conferir uma ação (*actio*), portanto a jurisdição era mais que dizer o direito, era elaborá-lo e aplicá-lo.

Essa função para se chegar a essa rica função criadora passou-se por todo um trabalho de estruturação da atividade jurisdicional com vistas a melhor a exercer dentro das particularidades de uma estrutura civilizacional em expansão.

3.2.1 – O processo por fórmula (*per formulae*)

Tal caráter construtivo da *interpretatio* e da *aplicatio* dos magistrados somente se alcança na estrutura do processo *per formulae* (substituto do modelo processual das *leges actiones*). A atuação do magistrado desenrolava-se segundo a *ordo iudicorum privatorum* (ordem, procedimento, em

213 Sobre a confluência da ratio e da voluntas na noção de autorictas, cf. SALGADO, Joaquim Carlos. A Idéia de Justiça no Mundo Contemporâneo. Belo Horizonte: Del Rey, p. 101-20.

que se desenrolava o processo em geral). Não se tratava, no momento de efervescência sócio-econômica e cultural de Roma, de abandonar a *ordo judicourum privatorum*, estruturada nas fases *in iure* e *apud iure*. Tratava-se, antes, de a aprimorar, dotando-a de outro procedimento, mais propício à atuação equânime do magistrado, para, corrigindo, modificando e acrescentando sentidos normativos ao *ius civile*, realizar efetivamente a justiça. A inovação, como visto, veio por meio do procedimento denominado *processo por fórmulas*.

A fórmula, como nota fundamental da modificação do procedimento romano, dá o tom da maior racionalidade deste modelo processual, que se manifesta em algumas outras modificações. Primeiramente, o desaparecimento do simbolismo verbal e sacramental da fase *in iure*; seguido da possibilidade, antes inexistente, de representação judicial; da extensão da capacidade processual aos *filiusfamilias* e, em vários casos, às mulheres; da representação no processo das pessoas jurídicas (*universitates*); assim como da consolidação das figuras do *cognitor*, do *procurator ad lites*, e do *orator* ou *patronus*, espécie de advogado e orador, realizando uma atividade em que "a assistência por meio da palavra e a assistência jurídica se reúnem na mesma pessoa"[214].

Interessa-nos, substancialmente, a fase *in iure* deste procedimento, que começa com a *editio actionis*, a declaração da ação que será demandada. Há de detectar se se trata de ação

---

214 BONFANTE. Historia Del Derecho Romano, cit., p. 569.

declarada no édito do magistrado, portanto conhecida, típica, ou se se refere a uma nova ação *in factum*. Segue a *postulatio actionis* ou *formulae*, dirigida ao pretor, que, se for o caso de ação conhecida e posta no édito, procedia, então, a uma investigação extrínseca e limitada à análise da capacidade das partes no cumprimento satisfatório das formalidades indispensáveis e presença de fundamento mínimo para propositura da ação. No caso de ação *in factum*, após uma investigação mais detalhada e intrínseca dos elementos da relação jurídica, o pretor apreciava a possibilidade jurídica e a oportunidade para, então, dar assentimento à ação, ou denegar a ação. A *actio in factum* é o momento típico da utilização da eqüidade na interpretação, que possibilitava uma atualização inovadora do *ius civile*.

A mesma lógica era aplicada nas *exceptionem*. A *exceptio* era uma cláusula que o demandado poderia propor para a fórmula, que continha argumentos que impediam a pretensão do autor; se verificadas as observações da *exceptio*, o autor perdia o fundamento de sua ação. Ela era concedida ou não pelo magistrado, o mesmo ocorrendo com réplicas do autor – *replicationem* –, tréplicas do demandado, e assim por diante, formando a dialética do processo na qual se dava o contraditório, fator indispensável à cognição do juiz, já na fase seguinte, em sua busca pela verdade do processo[215].

---

215 Notes-se que devemos falar em "verdade do processo", pois, apesar de em Roma o processo ter nítida característica instrumental, isso não elimina o fato de que, pelo elemento estrutural da procedimentalidade, o Direito realiza a Justiça por ele ordenada e estruturada. Outra característica interessante da fase in iure é a possibilidade da

Não é difícil concluir que este novo processo permitia uma interpretação mais completa, mais detalhada, mais justa da realidade normativa a ser julgada. VILLEY traz um interessante exemplo disso a que nos referimos:

> "A antiga prática impunha estritamente ao devedor o pagamento da sua dívida, desde que as formalidades precisas da *sponsio* tivessem sido cumpridas. Quê decidir, todavia, se ele não está comprometido senão em conseqüência de um pequeno erro? Por que o seu credor o tinha enganado, tinha sido culpado de mentiras, ou maquinações fraudulentas a seu respeito, a que os romanos chamam um *dolo*?
>
> Não manda a eqüidade que a dívida seja anulada? Chegar-se-á a este resultado, acrescentando à fórmula estas simples palavras, pelas quais se prescreve o juiz não condenar senão na ausência de *dolo* – e a que se destina uma *excepção*:
>
> Parece que X deve mil.
>
> A menos que tenha havido um dolo do credor.
>
> Juiz condena X a pagar mil ao litigante Y"[216].

---

interrogatio in iure, que nos revela mais um aspecto da racionalidade que a aplicação do Direito alcançou nessa época. Por meio da interrogatio, assim como hoje, o magistrado podia chegar às questões prejudiciais que podiam antecipar a resolução da lide. Cf. BONFANTE. Historia Del Derecho Romano, cit., p. 572.

216 VILLEY. Direito Romano, cit., p. 62 (grifo nosso). "Assim, as fórmulas recebem ligeiras modificações; a menor palavra engendra aqui qualquer nova instituição jurídica; jurisconsultos e pretores elaboram uma técnica sábia e precisa da fórmula; aparentemente,

A interpretação mais justa foi possível graças à introdução de uma *exceptio* na fórmula como se pôde perceber.

A fase in iure era encerrada pela litis contesntatio, que era a redação da fórmula pelo magistrado, por meio de um édito (agora, denotando o documento que continha a fórmula do caso), que era entregue ao autor e, em seguida, aceita pelo demandado. Esta fórmula possuía partes principais[217] e partes acessórias[218], que vinculavam a atuação do juiz na fase apud iudicem, em que este possuía total liberdade de apreciação dos elementos do processo, desde que não desrespeitasse a fórmula ou certos costumes. O juiz atuava na busca da verdade, não mais na constatação de uma verdade divina ou revelada por meio de provas obtidas via rituais esotéricos e testes, mas da verdade advinda da ponderação dos fatos e provas apresentadas, assim como da apreciação de suas convicções e deduções. Ele deveria expressar livre e claramente o resultado sincero de suas impressões[219]. É de se ressaltar que era comum nomear jurisconsultos (jurisprudentes que

---

as fórmulas tradicionais recebem ligeiras adições, no gênero das que tomamos para o exemplo; mas no fundo o conteúdo do direito sai todo transformado." *Idem*, p. 64.

217 A demonstratio, que vinha após a nomeação do juiz, é a afirmação hipotética da relação jurídica, a intentio, que expressa a pretensão do autor fundada nestes fatos, põe fim à adjudicatio e à condenatio, dirigidas ao juiz, atribuindo a este as faculdades de alterar a propriedade de objetos e de absolver ou condenar o réu.

218 São as praescreptio, que eram inseridas para limitar os efeitos de uma pretensão, como i. e. o caso de o autor pretender cobrar apenas parte de uma dívida, e a exceptio, já apresentada supra.

219 BONFANTE. Historia Del Derecho Romano, cit., p. 583.

não eram magistrados) para árbitro das demandas, em estreita observância das regras e delimitações impostas na fórmula do caso.

> "A atividade desenvolvida pelos pretores através do *jus edicendi* (*Cf.* PAPINIANO, D. 1.1.7.), principalmente durante a fase do processo formular, daria origem ao *ius honorarium*. Superadas as rígidas formas das *leges actiones*, estes magistrados passaram a gozar de uma considerável margem de discricionariedade para a solução dos casos concretos que lhes eram propostos, o que lhes permitia conceder ou negar a proteção processual suplicada, mesmo que os fundamentos jurídicos não estivessem expressamente previstos no *ius civile*." [...] Conseqüentemente, os jurisconsultos não mais exerceriam sua atividade somente com referência aos costumes sedimentados, mas também e de forma quase exclusiva, com relação ao *ius honorarium* já formado, cuja importância e autoridade foi sucessivamente crescendo em proporção direta com o seu desenvolvimento - basta recordar a notícia de PAPINIANO (Dig.,1,1,7.)"[220].

---

220 DINIZ. Interpretação no Direito Romano, cit., p. 6. A nosso ver, esta liberdade de adequação do direito que possuíam os magistrados é muito bem exemplificada pela figura dos interditos, que ainda resta analisar como elemento de importantes implicações para a atividade de interpretação e aplicação do Direito nesta época. Tratase de uma ordem direta dada pelo magistrado contra alguém que esteja, presumidamente, agredindo direito de outro, que requer esta providência ao magistrado. Os interditos eram concedidos quando não havia proteção de lei para o esbulhado, não seguiam a ordo judicorum. Conseqüência direta do poder de imperium, foi o

Por todo o exposto, o processo formulário é visto por SALGADO como o lugar de aparecimento das estruturas básicas da Justiça Formal, que acompanharam todo o desenrolar histórico da construção da Idéia de Justiça no ocidente. Assim sendo:

> "O processo é um movimento dialético em que fato e norma, particular e universal, se condicionam, mutuamente, até o resultado em que ambos são superados nas suas respectivas unilateralidades, gerando o direito reconhecido na decisão, ou, num outro modo de expressar, 'revelados no processo e sintetizados na decisão'"[221].

---

primeiro meio processual pelo qual o magistrado podia proteger direitos tidos como legítimos, mas que não tinham ainda nenhuma ação para protegê-lo. Cf. MOREIRA ALVES. Direito Romano, cit., p. 235.

221 Ibidem, p. 126-7. Quanto à existência da norma, primeiro momento, tem-se aceito três aspectos fundamentais: positividade, vigência e eficácia "*Primeiro*, verificar a sua positividade, que é dada por fatos empiricamente observáveis como: a) ter sido posta por ato de vontade de uma autoridade e b) ter sido formalmente publicada. O *segundo* passo é o da apuração da sua vigência ou validade formal, cujos requisitos são o processo *regular* da sua formação, o órgão ou autoridade competente e a coexistência ou compatibilidade com o sistema, isto é, sua inserção não conflituosa com o sistema. Por último, deve-se ainda levar em consideração as espécies de vigência, quanto à pessoa, ao espaço, à sua posição hierárquica e temporal, da qual surge o instituto da recepção, da repristinação e da revogação. Passa-se, *então*, para a constatação da sua eficácia, entendida como os efeitos jurídicos (direito subjetivo, dever jurídico e sanção) que ela produz no caso em exame e que apresenta certas nuanças

Conclui SALGADO que,

> "Esse processo do justo só é possível no trânsito dos elementos essenciais do que se denomina justiça formal. [...]. No processo da aplicação romano pela *actio* estão presentes todos estes elementos: a igualdade perante a lei, a igualdade das partes no processo para a defesa de seus interesses, o contraditório e, como fiel da balança segundo a simbologia romana para pôr em equilíbrio os seus pratos, o terceiro neutro, que exige a superação racional da subjetividade emocional e doxal (de mera opinião) pelas fundamentações objetivas da decisão, e pela eqüidistância das partes. Além disso, a consciência jurídica romana estabeleceu como definitividade a justiça formal do ônus da prova, desde a *legis actio*

---

como: eficácia de incidência (é aplicável), eficácia de aplicação e causalidade jurídica, vale dizer, ocorrendo o fato gera ele imediata conseqüência jurídica, e eficácia de execução (se foi aplicada no caso), levando-se em conta que a eficácia é que pode ser prorrogada, imediata e retroativa, não a vigência. [...] Desse modo, vigente é a norma que se insere no sistema de normas ou ordenamento jurídico; eficaz é a norma vigente já em vigor; em vigor é a que tem força para produzir efeitos jurídicos ou que pode ser aplicada". O segundo momento é o que se dá ao mesmo tempo como interpretação do fato e da lei. É o momento da justiça material que merece desenvolvimento posterior, mais detido, por SALGADO. O terceiro momento, da integração, quando há lacuna no ordenamento jurídico, também tem a ver com a justiça material, mas é importante lembrar seu aspecto formal, pois o aplicador não age com arbítrio, e sim com processos que tornam a norma criada válida (analogia, os costumes e os princípios gerais de direito).

sacramento"[222].

SALGADO retoma a história jurisdicional de Roma para ratificar a já afirmada presença dos elementos da justiça formal na consciência jurídica romana:

> "Esses princípios configuradores da justiça formal acompanham as fases áureas do direito romano, principalmente no período pretoriano e no Império até Justiniano. No período pretoriano era da mesma forma resguardado o princípio do terceiro neutro e do contraditório. Duas funções o realizavam: a do pretor, na primeira fase (*in iure*), que estabelecia ou redigia a fórmula, expondo os fatos jurídicos alegados pelo autor (*demonstratio*, a razão do que quer – a *ratio*), a declaração do direito alegado pelo autor (*intentio*, vale dizer: o *desiderium*, o que quer – a *voluntas*) e a outorga ao juiz (*judex*) do poder de condenar e absolver, a que se seguirá a fase de aceitação (*litis contestatio*) ou defesa ampla do réu sobre a fórmula, iniciando-se a fase do julgamento dos fatos pelo *judex* (*in iudicio*). Em resumo: após a *litiscontestatio*, a *res de qua agitur*, os fatos descritos na fórmula ou a controvérsia tornavam-se objeto de processo, *in judicium deducta*, até se tornar, após a sentença, *res judicata*. Assim, as partes estavam em perfeito equilíbrio, tanto na fase de organização da fórmula (alegações e direito), como no do julgamento dos fatos pelo juiz, após a contestação do réu, que podia opor exceções para eliminar ou limitar o direito do autor por outro direito de que era titular, o qual, por sua vez, poderia ser replicado

---

222 SALGADO. A Idéia de Justiça no Mundo Contemporâneo, cit., p. 129.

pelo autor e este, ainda, treplicado pelo réu"[223].

3.2.2 – Modificações na relação costume-lei e compreensão da irredutibilidade do *ius* à *lex*

O apogeu do período clássico[224] tem como uma de suas marcas a passagem definitiva da fonte normativa não escrita para a fonte normativa de forma escrita. Não que os costumes perdessem vigor nesta época, mas que sua força normativa passa a ser mais freqüentemente mediada pelo texto escrito. O costume tinha força, era objetivo porque observado e presente na consciência de todos, e isto bastava; mas, numa sociedade mais heterogênea, trazia o perigo da insegurança jurídica.

Isto se infere da mudança ocorrida na atividade dos jurisconsultos; ao invés de interpretarem diretamente os costumes, passaram a voltar os olhos para o repertório de éditos dos magistrados, solidificados pela sua constante reedição; a força do costume permanece, porém intelectualizada pelo texto:

> "O crescimento do *ius honorarium*, muito antes de sua petrificação na época de ADRIANO em virtude do Edito Perpétuo elaborado por SÁLVIO JULIANO (130 d. C.), ao

223 Ibidem, p. 136-7.

224 "Esses fatores (introdução do processo formular e maior liberdade de atuação dos pretores), conjugados com a atividade dos jurisconsultos (por esta época, já bastante difundida, sistematizada e ordenada) representariam a época de ouro da criatividade do gênio romano." DINIZ. Interpretação no Direito Romano, cit., p. 8.

> mesmo tempo em que proporcionou um considerável avanço no *ius civile* romano, acarretou uma modificação na sua estrutura ao abalar as relações costume/lei.
>
> Com efeito, os editos, graças à consolidação da autoridade dos pretores, passaram a assumir cada vez mais uma certa rigidez diante da interpretação dos jurisconsultos, gerando uma espécie de 'codificação' do *ius honorarium*. Tal fato restringiu sensivelmente o âmbito de formação consuetudinária do Direito, de forma que a interpretação dos costumes foi progressivamente sendo substituída pela interpretação do direito pretoriano. Mesmo assim, não se havia perdido ainda o caráter casuístico na formação do Direito"[225].

O binômio costume/lei, já abalado pelo *ius honorarium*, começa a ganhar novos contornos. Parece-nos que o costume deixa de atuar como fonte de onde se busca imediatamente a norma, para ser fundamento de vigor da norma, que cada vez mais se vincula a um texto escrito, visto como esquema interpretativo da norma.

> "Diuturna consuetudo pro iure et lege in his quae non ex scripto descendunt observari sole"[226] .

225 DINIZ. Interpretação no Direito Romano, cit., p. 7.

226 Dig.,1,3, 33, De officio proconsulis.: "Os costumes constantes devem ser observados como se fossem o Direito produzido pelas leis, apenas nas matérias em que inexistem normas escritas". Devemos alertar que tal máxima representa as particularidades de um momento posterior da história romana, mas seu valor ilustrativo é de grande valia neste momento do texto, pois revela o resultado final dos movimentos iniciais neste sentido.

Ensina uma Novela de Justiniano, que se refere provavelmente a este período, que:

> "Quod raro fit, sicut vetus sapientia doct, non observant legislatores: sed quod fit plerumque, respiciunt et medentur"[227].

Tal vinculação, tal identificação da norma com um texto, não é, porém, neste período histórico, uma identificação viciosa, como se pôde observar no período justinianeu da história romana, e, de modo mais evidente, no período da codificação pós-revolucionária do séc. XVIII d.C., em que as escolas deste período, notadamente a escola da Exegese, identificam o texto da lei com a própria Lei, a norma com o texto escrito, de tal modo que mudar o sentido da norma só é possível mudando o texto da lei. Pelo contrário, apesar de cada vez mais evidente um formalismo no período clássico da Jurisprudência romana, no sentido de adoção da forma escrita e das estruturas formais de aplicação do Direito; este formalismo é instrumental no sentido de uma busca cada vez maior de previsibilidade para o Direito e, neste sentido, segurança jurídica, numa sociedade como a romano-imperial cada vez mais complexa[228].

---

227 Novell.; 94; 2: "Como ensina a velha sabedoria, os legisladores não observam o que raramente acontece, porém dão atenção e tratamento àquilo que ocorre com freqüência". Apud BAPTISTA, Francisco de Paula. Compêndio de Hermenêutica Jurídica, cit., p. 67.

228 "É de se lembrar, ainda, que Roma se encontra na segunda metade do século II a. C., época em que as estruturas campesinas haviam sido totalmente superadas por uma sociedade altamente comercial e em contínua expansão. Não era de se estranhar, portanto, que as

Ocorre também, e isso é que dá o tom da instrumentalidade referida, que os juristas clássicos não pensavam de forma alguma na possibilidade de uma realização do justo que abrisse mão da eqüidade e da *interpretatio*. Daí, o grande valor desta época de ouro da jurística romana: o entendimento de que a Justiça se realiza no equilíbrio do binômio segurança/eqüidade, e o desenvolvimento de um sistema teórico sólido, capaz de atingir esse equilíbrio[229].

O formalismo do período Clássico, ao encarar os textos normativos como esquemas de interpretação, tem um caráter produtivo, vigoroso, instrumental, que se pode observar na máxima de CELSUS – *Scire legis non est verba earum sed vim ac potestatem tenere* – já estudada anteriormente e para cuja pena reflexiva de SALGADO teceu importantes comentários:

> "Um dos momentos decisivos da aplicação da lei é conhecê-la. E conhecê-la não é uma intenção ou simples

---

rápidas transformações sociais demandassem soluções mais rápidas para as demandas que esta expansão colocava e o antigo mecanismo da interpretação dos costumes não mais se demonstrava hábil a supri-las de imediato." DINIZ. Interpretação no Direito Romano, cit., p. 6.

229 Outro exemplo das modificações deste período que indicam esta preocupação é a proibição de promulgação de edicta repentina pelos magistrados. Estes editos eram publicados no decorrer do exercício da magistratura, em qualquer momento, para regular situações não consideradas no édito perpetuum ou annum, ou seja, aquele apresentado no início da magistratura e que vigoraria até o final desta. PETIT. Tratado Elemental del Derecho Romano, cit., p. 57.

> vontade que colhe a sua escritura na superfície da letra, mas tarefa do *prudens*, do sábio, que se reputa preparado para penetrar seu interior e tornar possível a decisão justa materialmente [...].
>
> A *voluntas legislatoris*, transmudada na *voluntas legis*, que por sua vez se revelaria na *ratio legis*, constitui elemento do escopo da hermenêutica, cuja finalidade é a solução, pela unidade do momento da existência empírica da *lex*, *voluntas*, e pela sua essência ideal, o *ius*, dado pela sua *ratio*"[230].

A interpretação do Direito precisa estar sempre voltada para a resolução dos casos concretos. Mesmo que não se esteja diante de um caso e se trate de trabalho eminentemente teórico, é sempre a interpretação a busca de respostas para perguntas, daí o caráter aplicativo da atividade hermenêutica[231]. A experiência clássica do *ius honorarium* revela-nos a relevância do caráter aplicativo na Hermenêutica Jurídica, pois o édito do magistrado guarda em si esta correlação entre

230 SALGADO. Experiência da Consciência Jurídica em Roma, cit., p. 84. Em seguida, Salgado lembra-nos do exemplo da alteração feita pelos prudentes na norma que mandava repartir o devedor entre seus credores, no sentido de que não se interpretaria no sentido de matá-lo e esquartejá-lo, mas de vendê-lo como escravo e repartir a quantia proveniente da venda. Ora fica claro que não se trata de criar nova norma, apenas de buscar a real finalidade, a ratio da norma, redimensionando, interpretativamente, sua voluntas.

231 É a questão do compreender na dialética entre pergunta e resposta levantada por GADAMER. Cf. VIANA, Rodolfo. Hermenêutica Filosófica e Hermenêutica Constitucional. Belo Horizonte: Del Rey: 2001, p. 37-47.

aplicação e interpretação[232].

Esta prática revela-nos a importância da atividade interpretativa ser voltada para o caso concreto, preocupação que deve acompanhar o hermeneuta do Direito. Era assim que os magistrados clássicos, sem causar grandes distúrbios, preenchiam as lacunas e corrigiam as discrepâncias entre o *ius civile* e a consciência mais avançada oriunda das novas práticas e novos valores da sociedade[233].

A importância deste papel do *ius honorarium*, sobretudo na primeira metade do período clássico, revela uma nova dicotomia na estrutura normativa do direito Romano: ao lado do *ius civile* (que encerra a dicotomita *mores/leges*, junto com o trabalho dos primeiros jurisconsultos), temos o *ius honorarium.*

3.3 – Contribuições do *ius honorarium*

Todas as considerações acima mostram as características marcantes do *ius honorarium*, capazes de apresentá-lo como meio pelo qual o direito, já cristalizado pela idéia de Lei, poderia continuar evoluindo e se adequando à consciência

232 Uma vez que trata da direção do processo, o edito pode ser encarado como um código de procedimento, ao mesmo tempo que, devido ao sistema jurídico romano, tem também a natureza de um código de caráter material, por conceder fórmulas, interditos e outro remédios, que tulelavam valores ainda não juridicamente protegidos, criando novos direitos subjetivos, por os dotar de exigibilidade. Por isso, os institutos jurídicos, nesta época, eram freqüentemente designados pelo meio processual que os protegia.

233 BONFANTE. Historia Del Derecho Romano, cit., p. 337.

jurídica vigente.

Agindo negativamente (negando ações), ou positivamente (concedendo novos meios processuais nos éditos), sempre numa aplicação interpretativa e integradora, o pretor fazia valer um sentido atualizado do jurídico, no qual, por meio de uma restrição ou de uma extensão do *ius civile*, opera-se progressivamente na afirmação dos novos valores jurídicos. Estes novos valores nasciam no próprio seio da comunidade romana, como evolução de sua consciência, bem como da inter-relação com outras culturas, decorrente da expansão do domínio romano.

> "Jus praetorium este quod praetores introduxerumt adjuvande,vel supplendi, vel corrigendi júris civilis gratia, propter utilitatem publicam"[234].

O pretor peregrino é, neste sentido, essencial ao desenvolvimento do *ius gentium* e da noção de *aequitas*, pois era ele o intérprete da nova consciência frente ao *ius civile*, dando mesmo à palavra *aequitas* o sentido hodierno de justiça.

3.3.1 – A exemplaridade da atuação do pretor peregrino no desenvolvimento da prudência romana.

Se o Direito Romano não desenvolveu uma teoria do processo como a conhecemos hoje, porém, ainda assim, a

---

234 Papiniano. Dig. L. 7; de iustit.; §1: "O direito pretoriano é aquele que os pretores introduziram com o objetivo de ajudar, suprir ou corrigir o direito civil, em razão da utilidade pública". Apud PETIT. Tratado Elemental del Derecho Romano, cit., p. 57.

estrutura jurídico-processual nasceu e desenvolveu-se em Roma[235], notadamente a partir da atuação do pretor peregrino (magistrado que julgava as questões envolvendo relações jurídicas entre os cidadãos romanos e os estrangeiros, ou destes entre si).

Como vimos, o pretor tinha o *ius edicendi*, o direito de estabelecer normas e definições, e o poder de proferir decisões sobre o direito que desejava que tivesse vigência durante o seu mandato. Ao estabelecer o direito na ausência ou obscuridade da lei, o *praetor* o fazia sobretudo pela *equitas*[236]. Porém, o sentido que tal expressão assume na vida jurídica romana possui uma vinculação não apenas com aquilo racionalmente concebido como justo, mas principalmente com o que as experiências revelavam como tal[237].

Afinal, tal como já dissemos mais acima, a jurisdição ia para além do mero raciocínio de subsunção. Significava desde a pesquisa e o conhecimento do Direito à sua declaração e, então, sua aplicação na busca de efetividade. Afinal, em Roma, conferir um direito significava conferir uma ação (*actio*), portanto a jurisdição era mais que dizer o direito, era elaborá-lo e re-elaborá-lo racionalmente a cada ato de atualização do Direito (da *norma agendi*) no caso concreto.

---

235 SILVA, João Batista. Processo Romano: instrumento de eficácia jurisdicional. Belo Horizonte: Líder, 2004, p. 19.

236 SILVA. Processo Romano: instrumento de eficácia jurisdicional, cit., p. 28.

237 Cf. CICERO. As Leis – Livro I. [Coleção Grandes Filósofos do Direito. Clarence Morris (org.); tradução Reinaldo Guarany.]. São Paulo: Martins Fontes, 2002, p. 37-8.

Essa função criadora exige todo um trabalho de estruturação da atividade jurisdicional com vistas a melhor exercê-la dentro das particularidades de uma estrutura civilizacional em expansão.

Era a seguinte a estrutura do Judiciário romano, durante o período do processo formulário:

> "Fase in iure
>
> 1. Em Roma: a) os cônsules, b) o *praetor urbanu*, c) o *praetor peregrinus*, d) o *edilis curulis*.
>
> 2. Na Itália: os *praefecti juredicundi* (delegados dos pretores).
>
> 3. Nas Províncias: a) o *praeses* (governador de província), b) os *quaestores* (nas questões tributárias para com Roma)
>
> Fase apud iudicem
>
> 1. O *iudex privaus*, 2. O *arbiter*, 3. Os *recuperatores*, 4. Os tribunais permanentes: tribunal dos *triunviri capitales*; o tribunal dos *decemviri stilitibus iusdicandis*; *o tribunal dos centuviri*"[238].

Nessa estrutura, o pretor peregrino – judicatura criada em 242 a.C. – possuía a função de julgar as causas entre estrangeiros (peregrinos), ou entre estes e cidadãos romanos. Ele tinha sua sede de funções em Roma, mas, como visto, possuía delegados nas Colônias e Províncias – pessoas que exerciam, nesses lugares, a mesma atribuição.

A chave para entender a importância do pretor peregrino

---

238 Cf. SILVA. Processo Romano, cit., p. 34-5.

no desenvolvimento do Direito Romano consiste em entendê-lo como magistrado dotado não só de jurisdição, mas sobretudo de *imperium*. Ou seja, o pretor peregrino (assim como alguns outros magistrados), possuía não somente a função de compor litígios, mas a qualidade, o real atributo de poder, do exercício, da *presentação*, da soberania.

O pretor, como magistrado, tinha um amplo poder de mando, decorrente do *imperium*. Utilizou-se dele, especialmente, a partir da lei *Aebutia*, no século II a.C., que, instituindo o processo formulário, como vimos, deu-lhe ainda maiores poderes discricionários. Por essas modificações processuais, o pretor, ao fixar os limites da contenda, podia dar instruções ao juiz particular sobre como ele deveria apreciar as questões de direito. Fazia isto por escrito, pela *fórmula*, na qual podia incluir novidades, até então desconhecidas no direito antigo. Sobretudo o pretor peregrino, constantemente envolto a problemas e pretensões jurídicas alheias às iniciais regras do Direito quiritário, pautado apenas nos costumes propriamente romanos, freqüentemente se encontrava tratando questões que o *ius civile* (pensado para relações entre os cidadãos originários de Roma, e não para os estrangeiros) não dava conta de resolver. Com esses poderes de aplicação da eqüidade para solução das contendas, podia deixar de admitir ações perante ele propostas *(denegatio actionis)* ou, também, admitir ações até então desconhecidas no Direito antigo. Essas reformas completavam, supriam e corrigiam as regras antigas.

Daí, abalizadas correntes entenderem que a atuação do pretor peregrino tenha sido o ponto de partida para o desenvolvimento do momento de esplendor do Direito Romano, no período Clássico. Não podendo aplicar as *legis actiones*, porque negadas aos estrangeiros, o pretor peregrino, diante das pretensões expostas pelos litigantes, (em cada caso, pretensões advindas de diferentes matrizes jurídicas, de diferentes origens e culturas) redigia prudencialmente as instruções aos árbitros ou *recuperatores* que nelas se baseariam para julgar os casos. Esta, a origem do processo *per formulae*, motor propulsor da magnitude do edifício jurídico romano, tal como já estudado.

A atuação do pretor peregrino foi de fundamental importância não só para a criação da estrutura jurídica que possibilitou o processo de sofisticação do Direito Romano, mas também, e sobretudo, nesse papel do *ius honorarium* de fazer evoluir e sofisticar o *ius civile* antigo.

Numa civilização, o aspecto político, o jurídico e o sócio-econômico operam em permanente simbiose. O Direito romano somente atingiu tal grandioso estágio de evolução porque dele era exigido um conjunto normativo capaz de dar conta de uma estrutura social em efervescência e do constante intercâmbio cultural[239] vivido pelos romanos. Foi o intercâmbio, com a ebulição das práticas cotidianas, que fomentou uma estrutura jurídica com tamanho nível de sofisticação. Portanto, foi o espírito comparador e, sobretudo, de convivência, liderança e ordenação do romano, manifestado na figura do pretor peregrino, que possibilitou a construção de um sistema jurídico que continuou pautado na noção base

239 Mas também comercial e político.

do saber jurídico quiritário, a segurança jurídica, mas que, ao lado dessa segurança, soube compor com o fator eqüidade uma estrutura ágil e sofisticada.

3.3.2 – Os resultados da atuação pretoriana

Importa-nos que fique assentado o seguinte aspecto da evolução do Direito Romano: que a prática judiciária do pretor peregrino é antecessora e contemporânea, da estrutura a ele similar, o processo formulário, sendo um importante fator de sua origem e desenvolvimento; e que a ele se inicia quando se dá a necessidade de ordenar o livre e ágil comércio entre povos, que a expansão romana propiciou, a qual demandava uma tutela dos direitos e das relações com estrangeiros, que não era vinculada ao *ius civile*[240].

A razão de se criar uma magistratura específica para regular as relações que envolviam estrangeiros era que

> "A espera funcional da jurisdição urbana deveria estar rigidamente vinculada ao sistema civilístico, fundada sobra as *leges* e *mores* e sobre a interpretação literal e rigorosa dos mesmos. O pretor urbano representa uma força conservadora das matrizes fundamentais do *ius civile*. Na sua jurisdição deveria ser preservadas essas bases tradicionais frente à nova organização política cada vez mais expandida, frente às novas idéias introduzidas mediante o intercâmbio"[241].

240 MARTINO, Francesco. La Giurisdizione nel Diritto Romano. Padova: CEDAM, 1937, p. 113.

241 MARTINO. Idem, p. 114 (tradução nossa).

Logo, seria necessário um outro magistrado, com o mesmo poder de império, mas autorizado, pela natureza de sua função, a ir além das práticas quiritárias arraigadas na *urbe*.

Um bom exemplo desse papel transformador do Direito praticado pelo pretor peregrino é justamente o uso que este fez do já vetusto instituto romano dos *interdicta* para a formação de novos conceitos jurídicos. Foi, inclusive, a paulatina valorização desse instituto que possibilitou que as práticas peregrinas pudessem adentrar ao Direito da *Urbe* romana[242].

3.3.3 – Um exemplo prático: a participação do pretor peregrino na atualização do instituto da propriedade privada.

A propriedade forma, junto com o instituto da pessoa e do contrato, os marcos fundamentais de excelência do Direito Privado. Tomemo-la, portanto, como exemplo para demonstrar a real importância da atuação pretoriana para o aprimoramento do Direito Romano no período Clássico.

A propriedade romana nasce no período quiritário e, junto com o instituto do testamento e do poder patriarcal, forma a base inicial das regras de convivência na sociedade romana. THOMAS MARKY assim apresenta o direito de propriedade nessa versão original:

> "O instituto faz parte do *ius civile*, chama-se *dominum*

---

242 Cf. MARTINO. Idem, p. 120.

> *ex iure quiritum*. Pressupõe naturalmente que seu titular seja cidadão romano. Outro pressuposto é que a coisa sobre que recaia a propriedade quiritária possa ser objeto dela. Estão nesta condição todas as coisas corpóreas *in commercio*, exceto os terrenos provinciais. Terceiro pressuposto é que a coisa tenha sido adquirida, pelo seu titular, por meio reconhecido pelo *ius civile*. Tais meios eram: 1°) os modos de aquisição originários; 2°) o usucapião; 3°) para as *res mancipi*, a *mancipatio* e a *in iure cessio*, e para as *res nec mancipi*, a simples *traditio*. [...] O sistemas do *ius civile* era rígido e complicado demais para o rápido desenvolvimento dos negócios, exigência natural do comércio"[243].

Mas a experiência da jurisdição peregrina implicou em uma primeira fresta na abertura deste instituto as exigências da *equitas*:

> "Por falta do requisito da cidadania, o estrangeiro não podia adquirir propriedade pelo *ius civile*. Os romanos reconheciam-lhe, entretanto, a propriedade pelo seu próprio direito estrangeiro, chamando esta de *simplis dominum*, em contraposição ao *dominum ex iure quiritum* e admitiam para ela meios processuais de defesa que imitavam os da defesa da propriedade quiritária"[244].

Tal abertura propiciou uma posterior evolução nas regras do Direito quiritário de propriedade aplicadas aos próprios romanos. Senão, vejamos.

---

243 MARKY, Thomas. Curso Elementar de Direito Romano. São Paulo: Saraiva, 1988, p. 69.

244 MARKY, Thomas. Idem, p. 71.

> "Tome-se por exemplo o caso da transferência da propriedade de *res mancipi* pela simples tradição ao invés dos atos solenes prescritos. Naturalmente, a simples entrega atende muito mais às necessidades do comércio do que as formalidades complicadas da *mancipacio*. Porém, perante o *ius civile*, o vendedor [no caso da simples tradição – n.a.] ainda era o proprietário. Isso era uma injustiça ao comprador que pagara o preço ao vendedor. O pretor, em obediência aos princípios que nortearam sua atividade, socorreu os prejudicados, [...] protege-o contra o antigo proprietário que lhe vendera a coisa e que, depois, baseando-se no formalismo *do ius civile*, de má-fé exige a devolução daquela. O meio de defesa era uma *excepitio rei venditae et traditae*, concedida pelo pretor na fórmula da ação"[245].

Assim,

> "o pretor construiu um novo tipo de propriedade, diferente e até contraposta à propriedade quiritária. Formalmente, o pretor não podia derrogar o *ius civile*. Por isso, o proprietário quiritário, nos específicos casos regulados pelo pretor, continuava nominalmente dono, mas seu direito ficava reduzido e esvaziado, e, do ponto de vista prático, nenhum valor teria; assegurava [o pretor], assim, o poder definitivo sobre a coisa a quem julga ser mais justo"[246].

É, portanto, de notar que a *Jurisprudentia* romana pôde atuar de forma a fazer valer sempre o justo, frente ao iníquo,

---

245 Ibidem, p. 69.

246 Ibidem, p. 70.

uma vez que o Direito conforme a consciência jurídica vigente é que era a norma em vigor. Nesse sentido, o Direito Natural, para os romanos, é aquele que se expressa na ordem natural das coisas (*naturalis ratio*), ou seja, é um Direito que evolui segundo a evolução dos valores jurídicos acerca da ordem das coisas[247].

3.4 – A codificação do *ius honorarium* e suas conseqüências hermenêuticas: codificação como instrumento de reorganização das práticas interpretativas

Como vimos, o apogeu do período clássico tem como uma de suas marcas a passagem definitiva da fonte normativa não escrita para a fonte normativa de forma escrita[248]. Não que os costumes perdessem vigor nesta época, mas que sua força normativa passa a ser mais freqüentemente mediada

---

247 Cf. REALE, Miguel. Concreção de Fato, Norma e Valor no Direito Romano Clássico. In: Horizontes do Direito e da História. São Paulo: Saraiva, 1977, p. 55-74.

248 Até então, o que observamos é que o consenso tácito do povo era o fundamento do ius civile, por meio da receptur moribus; a interpretatio era o meio de recepção da normatividade, o que lhe atribuía um caráter semelhante ao dos processos de elaboração de leis; sua legitimidade advinha da sua consolidação na vida concreta pelo *consensus omnium*. De outro lado, neste período, temos uma profusão ímpar de fontes normativas. O costume, as leis – leis comiciais e senatoriais, os Editos dos magistrados – *ius honorarium*; mais tarde, as respostas dos prudentes dotadas de força normativa, o *ius prudentium*, e as constituições imperiais. Todas essas fontes requerem, do intérprete do Direito, uma elaboração teórica racional e categorizante. *Cf.* DINIZ. Op. cit, p. 8.

pelo texto escrito. O costume tinha força, era objetivo porque observado e presente na consciência de todos, e isto bastava; mas, numa sociedade cada vez mais heterogênea, trazia o perigo da insegurança jurídica. Por isso, a força do costume permanece, mas, agora, intelectualizada no texto normatio.

Se, como vimos, no período clássico, o parâmetro de conduta cada vez mais se vincula a textos escritos previamente definidos, vistos como esquema interpretativo da norma, e passíveis de composição e interrelação na elaboração da jurisdição concreta, o repertório dos "costumes" jurisprudenciais, por sua vez, também necessitou de organização textual, por meio de compilação, quando sua significativa profusão passou a ser baliza fundamental para a definição das soluções concretas. Assim:

> "Quando ADRIANO subiu ao poder, empreendeu reformas políticas que deram um grande passo para uma consolidação e centralização sem precedentes do poder imperial. Por volta de 130 d.C., determinou que se fizesse uma formulação definitiva dos editos dos pretores. A tarefa ficou a cargo de Sálvio Juliano e, a partir daquele momento, o "Édito Perpétuo" foi sucessivamente publicado pelos pretores sem qualquer modificação, exceto aquelas que fossem introduzidas pessoalmente pelo príncipe. A partir de então, a clássica atividade jurisdicional dos pretores tenderia a desaparecer paralelamente à evolução do principado e à afirmação do autoritarismo imperial do dominato"[249].

249 DINIZ. Op. cit., p. 9.

É chegado o ocaso da atividade de produção do Direito via édito do magistrado. Mas a Codificação do *ius honorarium* por JULIANO não representou uma derrocada do caráter criativo da atividade interpretativa, pelo contrário.

O que JULIANO faz é organizar o riquíssimo direito pretoriano produzido para abrir o caminho ao novo momento de inovações no Direito. A Ciência Jurídica, antes de desenvolver novos rumos, necessita, por vezes, organizar o que foi produzido até então. É o que fez a codificação do *Edictum Perpetuum*. Vejamos as observações de PIETRO BONFANTE a esse respeito:

> "Não obstante, parece certo que Juliano agregou pela primeira vez às cláusulas do édito as fórmulas das ações que anteriormente formavam um apêndice ao édito, junto aos *interdictum*, *exceptiones*, e *stipulationes* pretorianas. Junto às fórmulas das ações pretorianas, foram agrupadas também as fórmulas das ações civis (*leges actiones*), ainda que não lhes correspondesse nenhuma cláusula do édito, foram colocadas ao lado das ações pretorianas análogas. [...] A obra do grande jurisconsulto abarca provavelmente os diferentes éditos, ou seja, não somente o do pretor urbano e dos *ediles curules* que antes constituíam um apêndice ao primeiro, mas também o édito do pretor peregrino e os éditos dos magistrados provinciais"[250].

BONFANTE adverte que, assim como com as XII tábuas, não se pretendeu, com o Édito de ADRIANO, um sistema jurídico orgânico e completo, dada a sua própria natureza

250 BONFANTE. Op. cit., p. 465 (tradução nossa).

destinada a preencher lacunas e corrigir problemas no *ius civile*. Não obstante, ressalta:

> "O Edito de ADRIANO representa a única codificação num intervalo que corre desde as XII tábuas, quando se inaugura a história do direito privado romano, até o período das compilações, quando essa história se encerra. A tarefa essencial do pretor havia terminado e os novos órgãos estavam melhor adequados para prosseguir a obra de adaptação do Direito Romano ao novo espírito social e as necessidades gerais dos novos cidadãos disseminados pelo vasto império"[251].

Tal vinculação, tal identificação da norma com um texto, não é, porém, neste período histórico, uma identificação viciosa, como se poderá observar no período justinianeu da história romana, e, de modo mais evidente, no período da codificação pós-revolucionária do séc. XVIII d.C., em que as Escolas deste período, notadamente a Escola da Exegese, identificaram o texto da lei com a própria Lei, a norma com o texto escrito, de tal modo que mudar o sentido da norma só é possível mudando-se o texto da lei[252]. Pelo contrário, apesar de percebermos este formalismo no sentido de adoção da forma escrita e organizada conceitualmente, cada vez mais evidente no Direito Clássico, trata-se de formalismo instrumental, no sentido de uma busca cada vez maior de previsibilidade para o Direito e, neste sentido, segurança jurídica,

251 Idem, p. 467.

252 Cf. MAGALHÃES, José Luiz Quadros de. Prefácio. In: PEREIRA, Rodolfo Viana. Hermenêutica Filosófica e Constitucional. Belo Horizonte: Del Rey, 2001.

numa sociedade como a romano-imperial, cada vez mais complexa.

Ocorre também, e isso é que dá o tom da instrumentalidade referida, que os juristas clássicos não pensavam de forma alguma na possibilidade de uma realização do justo que abrisse mão da eqüidade e da *interpretatio*. Daí o grande valor desta época de ouro da jurística romana: o entendimento de que a Justiça se realiza no equilíbrio do binômio segurança/eqüidade e no desenvolvimento de um sistema teórico sólido, capaz de atingir este equilíbrio.

3.5 – Os Jurisconsultos Clássicos

Não podemos esquecer que essa atividade dos magistrados apoiava-se sempre nas opiniões basilares dos jurisconsultos, por meio dos seus assessoramentos e das suas lições. A própria história dos grandes jurisconsultos clássicos já é um ensinamento acerca do Direito e da interpretação.

> "Em geral, os jurisconsultos, educados todos eles no estudo da filosofia estóica, apresentam-se como os mais nobres caráteres da sociedade romana; de QUINTOS MUCIUS a PAPINIANO, o primeiro e o último dos grandes jurisconsultos, a tradição não se contradiz"[253].

O primeiro de vários, QUINTUS MUCIUS SACAEVOLA, foi cônsul em 95 a.C., também pontífice e governador da Ásia. De formação estóica, foi o primeiro a elaborar trabalhos para pôr ordem sistemática ao *ius civile* de sua época; o que fez em

253 BONFANTE. Historia Del Derecho Romano, cit., p. 480.

obra de quatorze livros, ponto de partida para os estudos de posteriores jurisconsultos. Sofreu críticas por, em sua doutrina, levar mais em conta a forma e a literalidade, do que a substância da coisa. De qualquer forma, seu valor como pioneiro no novo modo de fazer jurisprudência é indiscutível[254]. A lição que levamos é justamente reconhecer a importância da forma, para sistematizar e criar conceitos gerais para o Direito; e que, como pioneiro nesta investida sistematizadora, MUCIUS SCAEVOLA exagerou talvez na valorização da forma. Esta não pode nunca perder sua instrumentalidade.

A este, segue em importância SÉRVIO SULPICIO RUFO, a quem CÍCERO, desconsiderando SCAEVOLA, atribuía o título de fundador da Ciência Jurídica. Grande orador e crítico refinado, ensina-nos, com suas cento e oitenta obras, a importância do refinamento intelectual e do domínio da língua para o desenvolvimento da boa ciência jurídica.

De seu discípulo, AFENUS VARO, cônsul em 39 a.C., aprendemos, baseados em sua história[255], o quão importante é possuirmos um conhecimento sólido da tradição e da ciência jurídica consolidada para que se possa desenvolver novos posicionamentos e perspectivas, sem cometer absurdos teóricos, causados pela ignorância acadêmica.

---

254 Deve-se ressaltar que o primeiro livro da referida obra de Scaevola traz a preocupação com as definições e regras gerais de Direito, assim como com a interpretação dos vocábulos propriamente jurídicos. Foi o modelo para as obras de definitiones e regulae que se seguiram. Cf. BONFANTE. Historia del Derecho Romano, cit., p. 481.

255 BONFANTE. Historia del Derecho Romano, cit., p. 482.

Em suma,

> "Os espíritos genuinamente criadores, como LABEÃO e JULIANO; os talentos sistemáticos, como QUINTO MUCIO e SABINO; o gênio mais livre e mais reflexivo de PAPINIANO; o espírito didático de POMPONIO e GAIO; o espírito prático e sóbrio de SCAEVOLA; a tendência crítica e intelectualista de PAULO e a prosa fácil de ULPIANO, no qual reluz com freqüência um pensamento equilibrado e feliz"[256].

A perspicácia de raciocínio dos jurisconsultos romanos constitui exemplo a se seguir. E mais que isto, suas construções são modelos de uma ciência jurídica sólida porque baseada no rigor teórico e lógico, na boa formação cultural e também na postura ética de busca racional pela efetivação da idéia de justiça de seu tempo.

3.5.1 – O *ius prudentium* e o *ius respondendi*

É à obra destes *sapiens*[257] que ADRIANO confia o *ius respondendi*, que foi o principal instrumento deste na busca do controle acerca da interpretação e criação do direito, corroborando a mudança que veremos mais tarde, da primazia da formação consuetudinária do direito para a primazia da formação *ex auctoritate* do jurídico, de caráter dirigente, ou seja, não a partir do caso concreto, na ratificação daquilo que a teia

---

256 BONFANTE. Idem, p. 479.

257 Vale colacionar a máxima romana: "iuris prudens sapiens gentium sunt – os juristas são os sábios de suas nações". CUNHA. Retórica e Hermenêutica nas Origens do Direito, cit., p. 12.

social transforma em jurídico, mas a partir da formação reflexiva e abstrata do jurídico, numa também tentativa de *projetação*[258], postura (*positum*), das práticas concretas.

Daí a definição contida nas Institutas de GAIO,

> "Responsa prudentium sunt sententiae et opiniones eorum, quibus permissum est iura condere. quorum omnium si in unum sententiae concurrunt, id quod ita sententium, legis vicem optinet; si vero dissentiunt, iudici licet quam velit sententiam sequi; idque rescripto divi Hadriani significatur"[259].

É claro que o *ius condere*, o "criar direito" tem, no entanto, uma conotação peculiar à época, fortemente vinculada a uma observação da tradição e dos valores reinantes no momento de interpretação/elaboração do jurídico.

A missão do jurisconsulto começa por ser diferente do jurista moderno, que se restringe a intérprete da regra jurídica. O jurisconsulto, nas origens do Direito Clássico – fins da República – é, acima de tudo, um sábio que conhece não só do Direito, mas da vida das pessoas e as aconselha, tanto nos

---

258 Termo próprio à atual Teoria da Legislação. Cf. SOARES, Fabiana de Menezes. Teoria da Legislação. Porto Alegre: Sérgio Antônio Fabris Editor, 2004, p. 21-2.

259 GAIO. Inst. I. 7: "As responsa prudentium constituem os pareceres e as opiniões de todos aqueles aos quais foi permitido criar Direito (ius condere). Se os seus pareceres convergem para uma mesma solução, entende-se que estas opiniões possuem o vigor das leis; ao contrário, se os pareceres são divergentes, ao juiz é lícito optar pela opinião que mais lhe aprouver; isso foi estabelecido por um rescripto de Adriano".

casos propriamente jurídicos, como nas questões do cotidiano (o casamento de uma filha, o melhor emprego dos investimentos, a conveniência da aquisição de determinado terreno, e tantas outras questões). O *cavere*, função de dar consultas, não se resumia em acautelar apenas juridicamente os negócios. Neste momento histórico, a autoridade do jurista se afirma pela abrangência e prudência de suas opiniões. Mais tarde, sua atividade, como visto, tomou caráter mais científico e mais restrito no que tange à esfera de sua atuação na vida das pessoas. Passa a ser uma atuação na elaboração de regras jurídicas e adaptação das regras tradicionais, formando a base dos princípios lógicos do Direito, ou seja, daqueles sob os quais repousa a atividade de interpretação do Direito, no que tange ao seu aspecto lógico. Interessa observar que o jurisconsulto trouxe para este momento a mesma autoridade e prestígio que possuía quando era o sábio de todas as coisas, isso porque ele não deixou de o ser, apenas concentrou essa sapiência no fenômeno jurídico, através da *interpretatio*.

Outro movimento que acontece na jurisprudência clássica é a gradual modificação na qualidade do caráter criativo desta atividade. Como vimos, no período em que predomina o Direito não escrito, uma espécie de "Direito em estado de nebulosa", segundo BONFANTE[260], a atividade do jurisconsulto ultrapassa a simples interpretação no sentido tradicional da palavra, para se caracterizar como uma atividade de criação do Direito. Nesse período, é por meio da *prudentia*

260 BONFANTE. Historia del Derecho Romano, cit., p. 323.

que o Direito ganha forma lógica[261].

Com a racionalização cada vez maior, e com a mudança na sistemática das fontes normativas, na qual o Direito escrito passa gradativamente a ter destaque, a atividade de interpretação e adaptação do Direito muda de colorido, ganha ares mais conexos com o que faz o hermeneuta de hoje, ou seja, dá à palavra *criação* um outro sentido, um sentido de categorização num plano científico, daquilo que está amontoado no plano normativo, é uma criação retificadora das novas consciências, mas que, agora, tem limites mais bem delineados. Essa criação interpretativa tem cada vez menos o tom de discricionariedade que atribuímos hoje à criação legislativa do Direito. A evolução da idéia de Lei, norma abstrata e geral previamente posta, começa a operar a separação entre a figura do legislador e a figura do intérprete, aproximando essas figuras daquilo que nelas identificamos hoje. Evidentemente, toda interpretação é, em certo sentido, uma re-criação, e toda criação não deixa de ser um ato de interpretação.

O que se pode perceber na atividade dos juristas é que eles conduziam de forma brilhante e precisa a atualização do Direito, quando não era possível – e freqüentemente não é porque não há como a lei acompanhar em tempo real a evolução dos valores e das práticas sociais – proceder esta atualização por meio de novos órgãos ou novas matrizes normativas (o *ius* não pode ficar à mercê da *lex*)[262]. É assim que:

---

261 Cf. SALGADO, Joaquim Carlos. A Idéia de Justiça em Hegel. São Paulo: Loyola, 1996, p. 319.

262 Cf. MENEZES, Djacir. Introdução à Ciência do Direito. 4. ed. Rio de Janeiro: Freitas Bastos. 1964, p. 129-30.

> "As prescrições decenvirais mesmas eram objeto de uma interpretação tanto restritiva, como extensiva; ou se arrebatava sua força por meio das exceções e casos particulares, ou, pelo contrário, as prescrições tinham seu campo de validade ampliado para fora de sua esfera primitiva, regulando novas situações; sempre se considerando com absoluta liberdade, o fim, a *ratio legis*, mais que a expressão literal da lei"[263].

Mesmo dotando-se a atividade jurisprudencial clássica de uma função criadora de essência divergente daquela que possui o jurista hoje, é inevitável afirmar que os jurisconsultos clássicos "não desprezaram as bases lógicas e os métodos técnicos de interpretação", o que os aproxima da hermenêutica hodiernamente considerada, e faz de suas obras um repertório de métodos interpretativos que deve ser aproveitado pelo intérprete/aplicador do direito.

A todas estas observações, deve-se juntar as mudanças ocorridas na estrutura jurídica com o Principado. Agora, o poder normativo está cada vez mais concentrado na figura do Príncipe, e o jurisconsulto assume cada vez mais a postura de simples intérprete das fontes jurídicas[264]. Mesmo quando ele possui o *ius respondendi*, não passa de uma propagação da

---

263 BONFANTE. Historia del Derecho Romano, cit., p. 324.

264 "O imperador não redigia sozinho as constituições imperiais. Assim como os magistrados na República, que se rodeavam de jurisconsultos, de quem tomavam pareceres, o imperador também tinha o seu conselho. Os projetos de Lei eram freqüentemente elaborados por este conselho". PETIT. Tratado Elemental del Derecho Romano, cit., p. 62.

autorictas do príncipe[265]. Este quadro pode ser retratado pela máxima de ULPIANO:

"Quod princeps placuit, legis habet vigorem; uptate quum lege regia, quae de Imperio eius lata est, populus ei et in eum omne suum imperium a potestas contulit"[266].

3.5.2 – Proculianos e Sabinianos: fundamentos originários da doutrina jurídica

MARCO ATÍLIO LABEO, amante da liberdade, já no Principado, é exemplo de que o trabalho daqueles primeiros jurisconsultos clássicos renderam frutos. Dotado de uma rica cultura em vários campos do conhecimento, como a literatura, a dialética e a gramática, realizou estudos importantes sobre os éditos do pretor urbano e peregrino. VILLEY conta que LABEO dividia sua vida em duas partes: seis meses dedicados à atividade prática em Roma, e seis no campo, dedicados aos

265 "Tal circunstância deu início a um processo de centralização política e unificação de todo o Direito romano. De fato, estando já todo o poder em torno do Princeps, a decisão soberana e incontrastável acerca do que era ou deveria ser 'jurídico' também lhe competia, pois era titular de todos os poderes que lhe haviam sido concedidos pelo Senado, em nome do povo romano". DINIZ. Interpretação no Direito Romano, cit., p. 11.

266 Dig., I, 4, 1; Inst. I; 2; §6°: "Também o que agradou ao príncipe tem força de lei; pela Lei régia, que foi promulgada a respeito de seus poderes, o povo concedeu e estabeleceu nele todo o seu império e poder. Tudo aquilo que, portanto, o imperador estabeleceu por um rescrito, ou conhecendo, decretou, ou preceituou em édito, tem força de lei".

trabalhos científicos[267].

Seu rival, ATEIUS CAPITO, devoto do Império, não teve da História o reconhecimento que teve LABEO; talvez, acertadamente. Apesar de ser corrente a vinculação do surgimento da escola dos sabinianos a CAPITO, parece que seu verdadeiro fundador foi MARSURIO SABINO que, mesmo possuindo o *ius respondendi*, vivia exclusivamente do que lhe provinha a atividade de lecionar, tendo, por isso, um reconhecimento que não se funda com a ajuda do prestígio dos altos cargos, mas , pelo contrário, exclusivamente na sua sistematicidade e poderio teórico. Sua obra serviu de base a grandes jurisconsultos como ULPIANO e PAULO. Também sabiniano é GAIO CASSIO, cônsul em 30 d.C., seguidor da obra de SABINO.

A atividade jurisprudencial de jurisconsultos como LABEO, SABINO e todos os demais partia essencialmente dos casos concretos, mas, indo além, alcançava um caráter de instrumental científico, que a diferenciava de tudo quanto havia sido feito em Direito até então, nenhum outro momento histórico antecessor, nenhuma outra cultura, havia atingido esta característica. Vejamos:

> "Tendo de dar o seu parecer, não sobre o conjunto do processo (porque é do juiz que depende a sentença final), mas apenas sobre um elemento abstrato do litígio, um ponto de direito, ele esforça-se por lhe dar um tratamento semelhante ao que poderiam receber os casos análogos, a fim de que a justiça seja igual para todos"[268].

---

267 VILLEY. Direito Romano, cit., p. 75.

268 VILLEY. Direito Romano, cit., p. 74.

Assim, surge a atividade doutrinal, a "**arte** do bom e do justo", como uma interpretação da normatividade jurídica, buscando ***regras gerais***, capazes de facilitar ou viabilizar a aplicação das normas em questão nos casos futuros.

> Mais que isso, estes jurisconsultos vão, através da literatura jurídica que surge a partir desta "arte", ensinando e dando consultas, não só onde os jurisconsultos se faziam presentes, mas, por exemplo, ao pró-pretor ou ao governador de província, nas palavras de VILLEY, exilados nas planícies longínquas, e que deviam, assim mesmo, prestar a justiça. Em sua intenção, são redigidos "grandes tratados práticos de direito. Assim assiste-se ao desenvolvimento da literatura jurídica em Roma, e ao progredir a ciência do direito"[269]. Assinala PETIT:
>
> "É então que os jurisconsultos romanos levam a ciência do direito ao seu apogeu, e demonstram em seus escritos essa união perfeita entre a teoria e a prática, essa precisão de linguagem, essa qualidade de análise e de dedução lógica que de nenhum modo foram superadas"[270].

Toda a notória construção posterior dos jurisconsultos clássicos foi, em certa medida, construída no movimento entre as duas escolas deste período. "Os estudos deram espaço a dissidências entre os jurisconsultos, que motivaram a formação de duas escolas"[271].

JOSÉ CARLOS DE MATOS PEIXOTO assinala que, entre o entendimento de que se tratava as disputas entre partidários da

---

269 VILLEY. Idem, p. 76.

270 PETIT. Tratado Elemental del Derecho Romano, cit., p. 66.

271 PETIT. Idem, p. 66.

República (**proculianos**), com espírito inovador, e partidários do Imperador (**sabinianos**), conservadores e tradicionalistas, e o entendimento oposto, de que a controversa não passava de disputa extrínseca entre estabelecimentos de ensino rivais, "que faziam concorrência recíproca, sem que houvesse diferenças fundamentais nos métodos respectivos"[272], parece aos estudiosos mais acertado entender que a abordagem interpretativa, os métodos de interpretação é que distinguiam as duas escolas, "para preencher as lacunas do direito positivo, os sabinianos aplicavam um critério materialista, realístico; ao passo que os proculianos se inspiravam num critério social"[273].

BONFANTE alerta que não é a solução, mas o critério de interpretação que dotava os proculianos de caráter progressivo. Para ambas as escolas, o desafio era preencher as lacunas com base na lógica jurídica, naquilo que os romanos entendiam por *naturalis ratio* – a racionalidade, a lógica das coisas. "Assim sendo, na construção lógica dos princípios jurídicos, os sabinianos seguiam um critério estritamente materialista; os proculianos se inspiravam, mais tenazes, em um critério econômico-social"[274].

---

272 PEIXOTO. Curso de Direito Romano, cit., p. 109.

273 PEIXOTO. Idem, p. 110.

274 BONFANTE. Historia del Derecho Romano, cit., p. 487. É comum os autores citarem como exemplo a questão da determinação da puberdade masculina, de implicações na configuração da capacidade jurídica. Para os sabinianos, deveria-se estabelecer, caso a caso, a puberdade, segundo um exame corporal. Os proculianos fixavam-na aos quatorze anos, segundo a observação do uso social. A mesma

Outra questão digna de nota é o fato dos sabinianos terem se dedicado com maior afinco à produção de obras sistemáticas, enquanto os proculianos produziram obras mais fragmentárias, basicamente respostas e *disputationes*. Isto explica porque a maioria dos jurisconsultos presentes no *Corpus Iuris*, ou seja, dos jurisconsultos clássicos mais renomados e consultados à época de Justiniano, ser de juristas sabinianos.

Mesmo que esta polaridade não tenha perdurado para além do reinado de ADRIANO (117-138 d.C.), os posicionamentos diversos frente ao fenômeno jurídico, as várias abordagens possíveis do Direito, reveladas pelo diálogo entre sabinianos e proculianos representam uma herança ainda hoje

divergência de abordagem dá-se na questão da posse e propriedade. Para os sabinianos, priorizava-se a transação objetiva e a detenção da coisa, pela possibilidade de disposição da coisa; os proculianos, por sua vez, reconhecem o ânimo, baseados na consciência social, como indicador da posse. Quanto ao chamado contrato de 'locação de trabalho', os sabinianos atribuem a propriedade da nova coisa àquele que é proprietário do material; já os proculianos, reconhecendo o valor do trabalho, atribuem-na a quem nela trabalhou, sendo o contrato, a venda desse produto. A indiferença dos sabinianos pelo fator econômico-social revela-se no seu entendimento em relação ao contrato de compra e venda, que, para eles, não passava de uma relação de câmbio, troca de uma mercadoria por outra, ignorando a função econômica da mercadoria-moeda. Em outros casos, o entendimento dos proculianos parecia ser o mais conservador. É o caso da questão do marco inicial da vida, que, para eles, somente ocorria com a emissão da voz, ao passo que os sabinianos consideravam qualquer sinal objetivo. Os proculianos entendiam assim por esta ser a prática social vigente.

objeto de reflexão por parte do hermeneuta.

Vale notar que:

> "Estes jurisconsultos não sacrificaram jamais o interesse da ciência do direito a um espírito estreito de rivalidade. Citam sempre com consideração as opiniões de seus adversários e não titubeiam em abandonar a opinião de sua escola quando a encontram contrária à verdade"[275].

3.6 – Decadência da *ius honorarium* e anúncio de uma nova estrutura político-jurídica em Roma

O quadro da interpretação do Direito altera-se ainda mais com a *supra* citada decadência da atividade jurisdicional dos pretores. Para aplicar a justiça, uma nova estrutura judiciária é criada:

> "Os funcionários imperiais se distinguem dos magistrados republicanos não só pela origem do seu poder, o qual recebiam do imperador, que os nomeava e do qual eram meros delegados, não do povo, como os magistrados republicanos, mas também porque, em vez de gozar da independência e liberdade destes últimos no círculo de suas atribuições, as exerciam, quase sempre, com inteira subordinação ao imperador"[276].

As respostas dos jurisconsultos ganham, senão uma maior importância, certamente um maior relevo, enquanto

275 PETIT. Tratado Elemental del Derecho Romano, cit., p. 66.

276 PETIT. Idem, p. 59.

fonte de direitos, no período imperial. Elas sempre tiveram importância na jurística romana, como já visto. Mas, no Império, devido à nova constituição das funções de poder, notadamente a progressiva supressão das magistraturas, e à exponencial sistematização e racionalização do Direito, fruto da explosão jurisprudencial, a atividade dos *sapiens gentium* torna-se cada vez mais prestigiada. O *respondere*, sempre presente na jurística romana, com o *ius respondendi*, ganha dimensão alargada, mesmo observando que não era imprescindível possuí-lo para dar consultas e pareceres. As respostas, como visto, no início, não vinculavam necessariamente os juízes, e se afirmavam mais pelo crédito de seus autores[277].

Podemos indicar, desta forma, as modificações produzidas nesta época:

> "a) a separação entre a interpretação e a formação consuetudinária do Direito;
> b) a exclusão de toda e qualquer interpretação, exceto aquela devidamente autorizada pelo *ius respondendi*, do processo de formação do Direito;
> c) a consideração dos *mores* como algo subordinado às leis"[278].

A resposta dos jurisconsultos é cada vez mais (mesmo tendo adquirido caráter normativo expresso, com o *ius* respondendi) uma atividade de interpretação, com

277 Cf. PETIT. Tratado Elemental del Derecho Romano, cit., p. 64. O autor nos dá noticia de passagem do Digesto em que Pomponio afirma que a autoridade da resposta era tão grande quanto era o crédito de seu autor.

278 DINIZ. Interpretação no Direito Romano, cit., p. 9.

abrandamento de seu caráter legislativo. A partir de uma situação concreta, o jurisconsulto interpreta as várias fontes de normatividade vigente (predominava, no início, o costume, já na jurisprudência clássica, o repertório do *ius honorarium*, como já ressaltado), e usava, quando era o caso, baseado na eqüidade, de interpretação progressiva[279], para dar o seu parecer, que poderia até ser inovador, mas o era fundado numa interpretação da normatividade já vigente, mesmo que talvez ainda não aclarada.

> "mais tarde se dá ao termo *responsa prudentium* uma significação mais extensa; passa a compreender também as opiniões dos jurisconsultos consignadas em suas obras. Esta extensão se fez ainda mais necessária quando devido à decadência do direito chegou a ser extremamente rara a concessão do *ius publice respondendi*, e quando, na ausência de jurisconsultos dignos deste nome, surgiu a necessidade de se recorrer às obras dos que haviam abrilhantado os primeiros séculos do império"[280].

4. Período do Direito Romano Oriental ou Romano-Helênico.

Transição do processo *per formula* para a consolidação da *cognitio extraordinaria*, hipertrofia do Império e a decadência da produção jurisprudencial, centralização

279 Cf. MAXIMILIANO, Carlos. Hermenêutica e aplicação do Direito. 8 ed. São Paulo: Freitas Bastos, 1965.

280 PETIT. Op. cit., p. 65.

da jurisprudência, constituições imperiais, interpretação autêntica, influência helênica e codificação – a pretensa proibição da atividade interpretativa na busca de certeza do Direito.

4.1 – A codificação Justinianéia e suas conseqüências para o método de interpretação do Direito: a experiência da codificação do 'ius prudentium' no Digesto.

4.1.1 – Antecedentes históricos da codificação justinianéia

Por volta de 284 d.C, o movimento de implicação recíproca entre a tendência de fragmentação do Império e, em contrapartida, concentração das estruturas de poder em um único órgão, o imperador, como reação às idiossincrasias de um Estado vasto e desarmônico, irão impulsionar o desenvolvimento do Dominato[281], com consideráveis implicações na interpretação do Direito.

Após uma ameaçadora crise política e militar, DIOCLESIANO é proclamado imperador e senhor absoluto de todo o Império. As mudanças na estrutura política que passaram pela divisão do domínio imperial em quatro partes, cada uma com um Senhor, depois em duas, e sua reunificação até TEODOSIO I, quando o império é definitivamente dividido em ocidental e oriental, tem como nota basilar o seguinte: DIOCLESIANO inicia uma absorção completa dos poderes do senado

281 Período de maior intensidade do caráter ditatorial do Império romano, quando os poderes do Senado dos magistrados restam praticamente todos suprimidos.

e do *populus*, restando apenas, como manifestação da soberania, a magistratura única do Imperador. As magistraturas que perduraram nominalmente eram apenas simbólicas e somente possuíam o ônus da promoção de jogos e o Senado não seria mais que um conselho municipal, sem nenhum poder efetivo[282].

CONSTANTINO consolida as modificações de DIOCLESIANO, com a nota distintiva de ter transferido a capital do governo, em seu período reunificado, para Constantinopla (Bizâncio), e de ter reconhecido o cristianismo como religião oficial[283]. A esta mudança na estrutura do poder, deve-se juntar o fato de já se encontrar consolidado um novo modelo processual. Foi DIOCLESIANO que suprimiu as últimas possibilidades de aplicação do processo formulário, ficando o magistrado agora entendido como funcionário do Imperador, sem *imperium* ou *potestas*.

O modelo processual que corrobora para isto é o do processo extraordinário, ou *cognitio extraordinem*, que possui esta nomenclatura justamente por não estar submetido à divisão da *ordo iudicorum privatorum*, que impunha o julgamento *apud iudicem*, pelo particular. Surgido a partir da jurisdição administrativa, o processo extraordinário, dispensando tanto o juiz particular, bem como a produção da fórmula, passou a ser usado também na tutela dos direitos subjetivos oriundos de Constituição Imperial (*ius extraordinarium*). No Dominato, o fato de o poder para criar e dizer o

282 Cf. PEIXOTO. Op. cit., p. 119.

283 Cf. PETIT. Op. cit., p. 66.

Direito estar especialmente concentrado nas mãos do Imperador faz com que este comece a concentrar a resolução das contendas sobre seus auspícios, *extra ordinem*, por meio de seus funcionários[284].

O caráter público deste processo e o desaparecimento da fórmula, junto com a possibilidade de recurso da sentença, pois proferida por funcionário do Estado, inserido numa ordem hierárquica, cujo ápice é o imperador, revelam a impossibilidade de se criar ações e de se tutelar direitos não expressamente protegidos pelo direito objetivo.

A busca de segurança e ordem acarreta não só a concentração da produção do Direito e sua pretensão de certeza no plano abstrato da lei, mas também a busca de sua certeza no plano da aplicação. Por isso, o imperador concentra, em sua figura, a faculdade de interpretar o Direito. Posicionamento errôneo, pois reveste de abstração a atividade de interpretação, num paradoxo infrutífero, como veremos.

A decadência da jurisprudência, com o fim do *ius respondendi* e com o desvio das preocupações filosóficas do âmbito jurídico para a teologia, faz com que os conflitos sejam resolvidos, senão por meio das *leges*, sancionadas pelas Constituições Imperiais, por meio dos *iura*, regras elaboradas pelos grandes jurisconsultos clássicos, agora compiladas.

Para eliminar as possibilidades de várias decisões diferentes para o mesmo caso, devido à barafunda dos preceitos clássicos (resultante da grande produção daquela época e de sua recepção num momento de despreparo intelectual) e do

---

284 Cf. MOREIRA ALVES. Op. cit., p. 242.

conseqüente risco expressivo e comprovado de distorções de sentido e fraude aos textos de *iura*, ministra-se dois "remédios" na busca ilusória de certeza mecânica do Direito. Primeiro, o controle dos preceitos jurisprudenciais a serem aplicados, "se ao imperador era reservado o poder de criar e de interpretar o direito, todas as precedentes formas de expressão do jurídico estavam reservadas a um nível inferior e não vinculante"[285]. As doutrinas passaram a ter apenas valor teórico, eram *vetores axiológicos*, e só vinculavam quando a vontade do imperador assim determinava. É o caso da Lei das Citações[286], em que, segundo a crítica de PETIT[287], o juiz deixa de ponderar sobre o valor intrínseco de cada opinião, para apenas averiguar qual é a maioria; "aqui o juiz faz contas, não aprecia".

Estas providências não resolveram o problema da incerteza e confusão, pelo contrário, era comum a fraude e a distorção dos casos em que cada preceito se aplicava. Daí a segunda tentativa, a tendência para as compilações, que tem

---

285 DINIZ. Op. cit., p. 10.

286 A lei de citações segue o modelo iniciado por Constantino, que proibiu os comentários de Paulo e Ulpiano à obra de Papiniano. Promulgada em 426 d.C., nela fica permitido, nas contendas, somente o uso da obra de cinco jurisconsultos: Papiniano, Paulo, Ulpiano, Modestino e Gaio. Havia possibilidade de usar a obra dos jurisconsultos citados por estes, desde que fosse apresentado o respectivo manuscrito e comprovada a autenticidade. Na controvérsia entre estes, seguia-se a maioria, ou, em caso de empate, a opinião de Papiniano. Se ele não havia se pronunciado sobre a questão, o juiz escolheria livremente.

287 PETIT. Op. cit., p. 69.

como ponto culminante a obra justinianéia.

4.1.2 – Virtude e vício de mãos dadas na aplicação do Digesto de Justiniano

JUSTINIANO procura consolidar, na busca de uniformização e governabilidade, o princípio, defendido desde o início do Dominato, de que a criação e interpretação do Direito competem apenas ao Imperador (ao soberano). Para tal, ele estabelece uma inovação acerca do conceito de interpretação. Esta passava a ter um valor geral só pelo fato de emanar do imperador, mesmo que fosse emitida para um caso singular. Este aspecto marca uma diferença fundamental com o período anterior, em que a interpretação encontrava-se difusa, voltada para os casos específicos. Poderia haver interpretações divergentes para o mesmo caso, oficialmente reconhecidas, situação que se agravou com o *ius respondendi*. Era possível ao juiz recorrer a qualquer uma delas e o que pretendia JUSTINIANO era eliminar este estado de incerteza.

Ao mesmo passo em que centraliza com maior eficácia toda a produção e interpretação do Direito, JUSTINIANO acredita que uma compilação deveria fornecer respostas para todos os casos possíveis, presentes e futuros[288]. Os juízes, assim, deveriam apenas considerá-la em sua literalidade, pois qualquer atividade que fosse além disto e buscasse dirimir dúvidas sobre sentido e alcance estava já na esfera do poder imperial.

---

288 Cf. DINIZ. Op. cit., p. 11.

Os dizeres de JUSTINIANO são esclarecedores:

> "Nostram autem consummtionem, quae a nobis deo adnuente componetur, digestorum vel pandectarum nomen habere sancimus, nullis iuris peritis in posterum audentibus commentarius illi asslicare et verbositare sua supra dicit codicis compendium confundere, queadmodum et in antiquioribus temporibus factum est, cum per contrarias interpretatium sententias totum us paene conturbatum est; sed sufficiat per índices tantum modo et titulorum suptilitatem quaedam admonitoria eius facere, nullo es interpretationen eorum vitio oriundo"[289].

Emanado o Direito diretamente das *Constituições Imperiais*, ou emanado das *Compilações*, restava ao juiz apenas interpretar literalmente. Os costumes já não eram mais uma expressão da soberania popular, captados pela *receptio moribus*. A *consuetudo* (nova denominação dos costumes), não tem mais valor vinculante como tinham os *mores*, é mero fato observado como ordinário, usual, subordinado ao *ius imperial* e, portanto, somente valia *secundum legem*, ou, no

289 "Decidimos atribuir à compilação que vamos empreender com ajuda de Deus os nomes de Digesto ou Pandectas, proibindo que no futuro todos os juristas possam comentá-la, para evitar que, com sua retórica, confundam a síntese realizada, tal como assim o era nos tempos antigos, quando todo o direito foi praticamente desorganizado pelas opiniões contrastantes dos intérpretes; assim, será suficiente fornecer advertências mediante sumários a especificações dos títulos, para que a atividade interpretativa dos jurisconsultos não gere incertezas". Frag. 12, Const. Imperial Deo auctore. Apud DINIZ, 2004, p. 11.

máximo, *praeter legem* (nos casos de convivência do direito romano com o direito local), nunca *contra legem*[290]. Isto porque, se fosse possível não aplicar uma norma alegando que ela não é mais observada, ou a redimensionar alegando que a prática social não é mais aquela, as propostas de JUSTINIANO, nas quais ele depositava a esperança de uniformização e certeza do Direito, frustrar-se-iam.

A intenção de JUSTINIANO de acabar com as incertezas e as inúmeras possibilidades de interpretação quanto ao direito produzido no passado e, ao mesmo tempo, construir um sistema auto-suficiente e duradouro, sem contradições ou lacunas, deu-se, primeiramente, com a codificação dos *iura*, e teve seu desfecho com a produção das *leges*. Isso se operou por meio das constituições em que o próprio imperador procurou dirimir as dúvidas e obscuridades restantes, já que a ele cabia não só criar, mas interpretar o Direito. Dá-se, então, o fenômeno da interpretação autêntica. É assim também que devemos lembrar que o Direito compilado sob JUSTINIANO vale não porque vigorou até então e deveria, portanto, ser consolidado, mas porque foi a ele atribuído a força da vontade do imperador:

> "[...] hasce itaque leges et adorate et obsrvate aomnibus antiquioribus quiescontibus; nemoque vestrum audeat vel comparare eas prioribul vel, si quid dissonans in utroque est, requirere, quia ome quod hic positum est

290 Aqui, a fala de Ulpiano, já citada, ganha maior significação: "Os costumes constantes devem ser observados como se fossem o Direito produzido pelas leis apenas nas matérias em que inexistem normas escritas". D. 1;3;33.

hoc unicum et solum obsrvari censemus"[291].

Era também intenção de JUSTINIANO reduzir a quantidade de litígios e impor uma decisão rápida, que acreditava ser possível pela literal aplicação do Direito. Como resultado da uniformização da interpretação e, evidentemente, das decisões, pois estas passariam a ter o mesmo fundamento jurídico, esperava-se realizar a igualdade de todos perante o Direito, numa estrutura em que todo o povo estaria no mesmo nível de igualdade, somente abaixo do imperador. Para tal, acreditou JUSTINIANO que se deveria proceder eliminando a valoração do Direito na aplicação para dotá-la de um caráter puramente mecânico.

4.1.3 – A lição esquecida: codificação como estruturação dos pontos de partida da atividade jurisprudencial, não como elemento de eliminação do caráter valorativo da *aplicatio*.

Tentou-se impor, autoritariamente, uma visão simplificadora da realidade do Direito, e o resultado foi a afirmação, no plano prático, da inevitabilidade da valoração da norma quando confrontada com a realidade do caso concreto, portanto a inevitabilidade da constante re-interpretação do Direito. Ocorreu, então, apenas a substituição de vários centros de decisão do sentido na norma por um só, este, porém, não

291 "Venerai e observai estas leis, relegando ao esquecimento todas as anteriores; a nenhum de vós fará comparação entre elas nem buscará as discrepâncias entre elas existentes, vez que é a nossa vontade que se aplica exclusivamente e que foi posta nesta obra". Frag. 19 da Const. Tanta. Apud DINIZ. *Op. cit.*, p. 12.

pode deixar de ser solicitado sempre a reinterpretar. Disto, conclui-se por um atraso na solução dos conflitos, e uma insatisfação geral, inclusive do imperador.

O Direito, sendo obra cultural da vida comum, não pode depender da vontade de um só. JUSTINIANO aprende a lição e, em certa medida, volta atrás, ao editar posteriormente os seguintes dizeres:

> "Quoniam quidam iudicnatium post multa litis certamina et plurimam litigantibus facta dispendia ad negotiis apud eos motis suggestionibus utuntur ad nostram tranquilitatem, praesenti generali lege haec perspeximus emendare ne dilationes ngotiis ex hoc fiant et aliud rursus principium examinationes eccipiant.
>
> Iubemus igiturnullum iudicantum quolibet modo vel tempore pro cusis apud se propositis nuntiare ad nostrm tranquilitatem, sed examinare perfecte causam et quod eis iustum legitimunque videtur decernere"[292].

O que ocorreu na tentativa de Justiniano – e que o levou à necessidade de corrigir suas intenções – foi uma objetivação

292 "Tendo em vista que alguns juízes, depois que a contenda judiciária é bastante prolongada e as partes tiverem muitas despesas nos processos que promoveram, recorrem por sugestão à nossa sapiência, determinamos que, com a presente lei geral se corrija este estado de coisas a fim de que não mais existam reenvios e a decisão das causas não devam começar de novo desde o início. Determinamos, pois, que todos os juizes não submetam, de maneira alguma e em nenhum momento, à nossa sapiência, as causas que lhes sejam propostas e nelas decidam da maneira como lhes parecer justo e legítimo, segundo o direito em vigor". Novela. 125. Apud DINIZ. Op. cit., p. 14.

abstrativa do momento de aplicação do direito, em que se desprezam as peculiaridades do momento concreto de realização do justo, tanto no que tange às propriedades e singularidades específicas de cada demanda, quanto às implicações do momento histórico e social de cada caso. Ao acreditar resolver o problema da interpretação trazendo a sistematização do ius prudentium para o plano abstrato da vontade legislativa e ao acreditar garantir a certeza por meio da interpretação autêntica abstratamente construída, Justiniano confiou a resolução dos problemas do Direito e da justiça apenas ao momento abstrato da lei (universal abstrato), desprezando o momento de atualização do Direito e realização efetiva do justo na atividade corretiva, integradora e criativa da aplicação (universal concreto). Sabemos, porém, que é nesse momento da singularidade concreta que o justo adquire caráter atual, ou seja, realiza-se em ato[293].

É comum encontrarmos nas obras jurídicas referências à primeira determinação de Justiniano no sentido de se proibir interpretação na sua obra legislativa. Curioso é notar que pouco se fala nos livros e nos manuais de Direito dessa reconsideração do próprio Justiniano. Devemos mesmo nos perguntar pelas razões da miopia legalista do século XIX e XX para essa verdadeira lição esquecida. Aliás, devemos nos perguntar pelas razões da repetição na história do ocidente desse erro de se tentar concentrar a dicção plena do Direito apenas no momento abstrato da Lei ou nas mãos de uma autoridade superior capaz de uma espécie de interpretação autêntica.

293 Cf. SALGADO, Joaquim Carlos. A Idéia de Justiça no Mundo Contemporâneo. Belo Horizonte: Del Rey, 2006, p. 195-212.

Postura contraditória, pois quer interpretar com a autoridade de uma espécie de 'autenticidade', aquilo que não é obra sua, mas do desenvolvimento de uma cultura[294]. Ao assim se proceder, deixa-se miopemente de encarar a realidade do movimento do Direito na vida concreta de uma sociedade, fechando-se os olhos para os problemas de legitimidade relativos à inerente subjetividade da atividade interpretativa.

294 O problema da concreção da Constituição, em nossos dias, pautada da concentração das tomadas de decisão acerca do sentido das normas constitucionais e das estruturas de aplicabilidade dos Direitos Fundamentais nos órgãos "supremos" do Estado, encarna, de certa forma, esse problema.

Considerações finais

A Cultura Jurídica Romana é momento do aparecimento de uma Justiça tratada enquanto Idéia realizada, em outras palavras. A experiência jurídica romana nos revela o Direito como instrumento de realização e efetividade da Justiça.

A interpretação (e o seu sentido final no Direto – o *ius suum*) é o resultado da dialética entre a objetividade do discurso no qual se insere a obra humana (do texto, da *lex*), e a subjetividade cultural daquele que interpreta, o sujeito.

No Direito Romano, esta observação se afirma no diálogo entre a Lei e o Magistrado (que, enquanto tal, é sujeito universal concreto, e não indivíduo particular), na imortal pena de CÍCERO, "pode-se dizer que o magistrado é uma lei que fala; e a lei, um magistrado calado"[295]. Entender e operar com essa *dialeticidade* entre a elaboração da lei e a sua aplicação, na efetivação da justiça, é o desafio e o dever de todo jurista; e a Jurisprudência é o conhecimento que o guia nesse

295 CÍCERO. Das Leis, cit., p. 45.

caminho.

Em Roma, essa *dialeticidade* da compreensão não se encontra ricamente tratada apenas no diálogo entre *ius civile* e *ius honorarium*[296]. Essa dialética, da qual resulta o compreender, também é observada no diálogo entre os *mores* e os jurisconsultos da *ius receptur*, entre o Direito em sua positivação imediata e sua categorização pela atividade dos *prudens*, no *ius prudentium*. Ela, em síntese, traduz-se na oposição – apenas dialética – entre o Direito abstratamente dado e sua atualização no caso concreto. A experiência jurídica romana revela-nos as verdades contidas nestes movimentos especulativos da realização do justo

Ao contrário do que se pretende com a afirmação distorcida dos exegetas franceses de que o juiz é a *boca da lei*, em Roma, ele é como um arauto dela e, ao mesmo tempo, um seu realizador, *ele é* "*a Lei* que fala". Ao contrário do que prescreveram todos os ditadores da história, a aplicação da lei não se resume à busca por um correto entendimento de sua vontade original abstrata (*voluntas legistatoris*), mas na sua conformação dialogal com a realidade contextual[297] a ser devidamente pacificada, ou seja, pacificada de modo justo.

---

296 Cf. LAGES. Aspectos do Direito Honorário, cit.

297 Sobre a relação entre texto e contexto no Direito, recomendamos a leitura do artigo de Eros Roberto Grau acerca da temática. Cf. GRAU, Eros. Direito Posto e Direto Pressuposto. 5. Ed. São Paulo: Malheiros, 2007.

A história da interpretação em Roma confunde-se com a história da formação da Doutrina do Direito, em que se busca este equilíbrio entre segurança jurídica e eqüidade[298]. Preserva-se o caráter de instrumentalidade do Direito, na busca de efetivação do justo, mas não só do justo de um caso isoladamente considerado. A jurística romana busca alcançar a realização do justo de um modo a o tornar geral a partir do particular, por meio da construção das regras gerais, e, ao mesmo tempo, torná-lo concreto, pela efetivação desse justo que alcança o momento abstrato, mas que só o faz para se tornar justo real, efetivo.

O Direito Antigo revela a preocupação do romano com a idéia de segurança e impõe uma interpretação formal e solene do Direito, com a finalidade de alcançar certeza e precisão na determinação daquilo que pode ser juridicamente exigido, o que deve, neste sentido, ser encarado como uma virtude desse Direito.

Tal formalidade começa a ser mitigada a partir da racionalização da atividade interpretativa imposta pelos primeiros jurisconsultos republicanos, e, em seguida, é sintetizada pelos jurisconsultos clássicos, numa superação dialética, que, sobre o edifício seguro da forma jurídica, pode julgar segundo a (ou com o auxilio da) eqüidade, em consideração às condições especiais em que as partes se encontram em cada

298 Cf. BETTI. Emilio. Interpretazione della legge e degli atti giuridici: teoria generale e dogmatica. Milano: A. Giuffrè, 1949.

caso. Este Direito não deixa de permanecer apoiado sobre as bases quiritárias da certeza e precisão.

A *Jurisprudentia* clássica revela-se num momento em que este diálogo alcança um equilíbrio, talvez ímpar, entre segurança jurídica e eqüidade, que traduz o diálogo fundamental da Hermenêutica Jurídica e que dá o norte das investigações acerca da interpretação no Direito, na busca de suas condicionantes, possibilidades e limitações.

"O esforço poderoso e realista suportado pelos romanos para porem a justiça a funcionar; o sentido prático com que se libertam dos entraves do formalismo; as altas concepções morais que os dirigem"[299] dão o tom da finalidade ética da interpretação em Roma, apresentada como um saber virtuoso e, no período clássico, como uma "obra prima", por sua capacidade de criar estas regras gerais da Doutrina, que viabilizam a aplicação das normas nos casos futuros, ao mesmo tempo que deixam a possibilidade, e, até mesmo, criam as condições, para novas interpretações que respeitem a atualização das práticas e valores. Segundo VILLEY:

> "Todas as forças do mundo antigo parecem pois ter concorrido para a formação histórica do direito romano. O velho formalismo romano, o rígido respeito pelas liberdades individuais deram-lhe o seu preciso caráter de certeza, separaram-no vantajosamente da moral, das regras menos precisas e sempre discutíveis. O

299 VILLEY. Direito Romano, cit., p. 68.

> sentido da justiça que floresceu em Roma na época das conquistas, tornou-a relativamente apta a satisfazer as necessidades de toda a sociedade civilizada. A lógica grega deu-lhe uma forma, que torna possível sua transmissão. Estas breves considerações relativas aos fatores da formação do direito romano permitem já, talvez, pressentir a grande riqueza e a autêntica qualidade do legado de Roma aos juristas modernos"[300].

Vale reproduzir o dizer emblemático de PIETRO BONFANTE:

> "O jurista clássico não é o oráculo, vocábulo que em seu sentido elevado expressa um método primitivo, ele é o fundador da dialética jurídica, inspirada em um sentido peculiar do justo e no resultado útil que deve sempre guiar ao verdadeiro jurista e o distingue da massa dos intérpretes formalistas, que são precisamente os não juristas"[301].

O panorama da interpretação em Roma, principalmente no seu período clássico, como evidenciado, fornece as bases para buscarmos os alicerces do Direito, possível somente pelo trabalho hermenêutico dos jurisconsultos. Por isso, é também aqui que buscamos as bases da própria Hermenêutica Jurídica, tomada como o mais fecundo elo de ligação entre a Teoria do Direito e a Filosofia do Direito, relembrando

---

300 Ibidem, p. 87 e 88.

301 BONFANTE. Historia del Derecho Romano, cit., p. 473.

novamente CÍCERO, "não do Edito do Pretor, nem das XII Tábuas, mas da íntima filosofia, devemos haurir a disciplina do Direito"[302]. No mesmo sentido, vale ressaltar que o Direito Romano é, na pena de VILLEY,

> "Um direito prático. O objetivo dos juristas romanos não é levar mais avante as especulações dos filósofos gregos. É de realizar (o que os gregos nunca fizeram) os princípios ideais da eqüidade e da boa organização social. É manter de fato a ordem e a paz romana"[303].

Esta afirmação reflete o que foi o Período clássico do Direito Romano e nos remete à nota fundamental da *Jurisprudentia* romana, o caráter ético da atividade interpretativa do Direito, que revela a *interpretatio* como um saber não meramente estruturante, mas essencialmente marcado pela eticidade como norte, na busca de efetivação do justo como finalidade do Direito. Interpretar não é somente chegar a conclusões válidas acerca de premissas iniciais, mas chegar à resposta justa que põe fim ao conflito, aos problemas da vida humana intersubjetiva, colorindo com a eqüidade os procedimentos lógicos do Direito, que envolvem, necessariamente, não só cognição, mas, sobretudo, valoração.

A Ciência do Direito não se restringe à ciência da Lei, assim como o *ius* não se restringe apenas à *lex*. Esta é meio

---

302 CÍCERO. Apud DEL VECCHIO, Giorgio. Princípios Gerais do Direito. Belo Horizonte: Líder, 2002, p. 77.

303 VILLEY. Op. cit., p. 56.

imprescindível sem o qual o Direito não se realiza. Porém, o caráter normativo da interpretação jurídica[304], somado ao resultado evolutivo e atualizador que sempre o acompanha, impõe à estrutura do Direito o momento interpretativo como sendo um momento criador (ou criativo), porém não arbitrário, tão pouco discricionário, porque partindo da Lei para realizá-la, (re)produzi-la e (re)criá-la no caso concreto.

Assim sendo, a Hermenêutica Jurídica deve tomar o Direto Romano como ponto de partida para suas reflexões; aqui, é possível traçar as linhas gerais do que é e do que não é, do que deve e do que não deve ser a interpretação jurídica.

A principiologia jurídica é manifestação da experiência jurídica dada na sua processualidade e devir, daí sua inegável historicidade. É na experiência jurídica romana que encontramos o germinar da estrutura jurídica ocidental, portanto dos princípios gerais de direito. Coube ao "drama histórico"[305] desenrolado no ocidente tecer a teia principiológica do Direito Contemporâneo, com base no desenho inicial romano, posto que ele permanece vivo, atualizado pelo movimento dialético da História, enquanto elemento

304 Cf. MEGALE. Hermenêutica Jurídica: interpretação das leis e dos contratos, cit., p. 156.

305 Para Hegel, a história é o palco onde se desenrola o drama histórico do homem. C.f. BORGEOIS, Bernard. O Pensamento Político de Hegel. São Leopoldo; UNISINOS, 2002.

suprassumido na Idéia de Justiça do mundo contemporâneo[306].

Qualquer verdade afirmada sobre a realidade jurídica que não tenha fundamento na vida do Direito, em sua história, carece de crédito. Qualquer posicionamento sobre o fenômeno jurídico que não comece por uma remissão à posição original romana, seja para confirmá-la, seja para negá-la ou alterá-la, corre risco de cometimento de grave imprecisão.

O Direito Romano, tomado em seu espírito, traduz-se numa estrutura normativa completa, por dar conta do movimento dialético entre formação do valor jurídico, positivação da norma abstrata e realização concreta do justo, assim como das implicações que cada um destes momentos tem nos demais.

Ao mesmo tempo, a experiência romana revela a indubitável importância dos momentos de codificação do Direito, mas, de modo correlato, ensina-nos que se trata de momento de reorganização da normatividade; esta, incapaz de, por si só, produzir o justo efetivo e, portanto, sempre carecedora de

306 Cf. SALGADO. A Idéia de Justiça no Mundo Contemporâneo, cit. Sobre essa questão, ver também nossa dissertação de mestrado, no prelo para publicação, cf. PINTO COELHO, Saulo de Oliveira. O Direito Romano na Filosofia do Direito: permanência e atualidade da jurisprudência romana como elemento suprassumido na jusfilosofia brasileira contemporânea. Belo Horizonte: Universidade Federal de Minas Gerais, 2007 [Dissertação de Mestrado em Filosofia do Direito].

vivificação pela atividade hermenêutica. Assim sendo, antes de fecharmos os olhos para o fato da inerente subjetividade ínsita ao processo de interpretação e aplicação do Direito, devemos reconhecer o importante papel atualizador desse caráter subjetivo da aplicação, bem como os riscos a ele inerentes, notadamente aqueles referentes à legitimidade das tomadas de decisão em suas mais diversas manifestações no Estado Democrático de Direito.

O Direito Romano tomado em seu espírito representa uma estrutura normativa completa, por dar conta do movimento dialético entre formação do valor jurídico, positivação da norma abstrata e realização concreta do justo, assim como das implicações que cada um destes momentos tem nos demais.

A atualidade desta estrutura que é o Direito Romano e a Ciência do Direito (Jurisprudência) dele decorrente é muito bem metaforizada por PAULO FERREIRA DA CUNHA, em prefácio lusitano à obra de VILLEY:

> "Fresco como a Princesa Aurora o Direito Romano se levanta, depois de vencidos os espinhos de florestas malévolas. (...) de cada vez. Todas as vezes. O Direito Romano, tal como o direito natural (em que se baseia, ou antes, que comporta como elemento as mais das vezes pressuposto, mas onipresente e sempre atuante), é bem o cisne de GOETHE. Por vezes mergulhado (parcial ou totalmente, se diria), no grande lago para se alimentar (para beber). Ou como que para hibernar. Porém,

> surgindo logo recortado na sua elegância e sereno flutuar, por sobre as águas como um espelho de sua graça.
>
> De cada vez que o cisne Direito Romano retorna, assume aqui e ali feições diferentes. E pode dizer-se sem um grande risco que cada corrente de apoiantes do Direito Romano é como uma camada geológica, ou um testemunho de uma das épocas de esplendor do mesmo"[307].

Acreditamos que o ensino da hermenêutica, fundamentado a partir da *Jurisprudentia* romana[308], é de grande importância na formação do jurista dentro da nova ótica humanitária da Constituição de 1988, e atende perfeitamente ao momento de reformulação do ensino jurídico que estamos presenciando.

Porém, não se pode valorar apenas o aspecto dogmático do estudo do Direito Romano, é preciso restaurar a questão

---

307 CUNHA, Paulo Ferreira da. Prefácio. In: VILLEY. Direito Romano, cit., p. 24-5.

308 Evidentemente, queremos dizer da necessidade de se partir da interpretação desenvolvida em Roma para fomentar uma teoria interpretativa. É claro que não podemos negligenciar sobretudo as modernas conquistas da hermenêutica filosófica de Dilthey, Gadamer, Heidegger. Apenas que a compreensão da hermenêutica no Direito se dá de forma muito mais consistente se começamos por introduzir os conceitos e cânones já desenvolvidos em Roma. *Cf.* SALGADO. *Notas de aula do curso de hermenêutica jurídica*, desenvolvido em sede de pós-graduação; jun-nov, 2002.

histórica, a análise política e o conteúdo ético deste que foi "o mais poderoso Império que o mundo antigo conheceu"[309]; na elogiosa pena de MONTESQUIEU, "os romanos chegaram a comandar todos os povos não somente pela arte bélica, mas também por sua prudência, sabedoria, constância, seu amor à glória e à Pátria"[310]

309 MOREIRA ALVES. Direito Romano, cit., p. 3.

310 MONTESQUIEU, Charles de Secondat, Barão de. Considerações sobre as causas da grandeza dos romanos e da sua decadência. Trad. Pedro Vieira Mota. São Paulo: Saraiva, 1997, p. 300.

Referências

AGOSTINI, Eric. *Direito Comparado*. Trad. Paulo Ferreira da Cunha. Porto: Res Jurídica, 2001.

ALVES, José Carlos Moreira. *Direito Romano*. Rio de Janeiro: Forense. [V. I, 5. ed., 1983; V. II, 4. ed., 1986].

ARAÚJO, Aloízio Gonzaga de Andrade. *Direito e Estado como Estruturas e Sistemas*. Belo Horizonte: Faculdade de Direito da UFMG, 2001. [Tese, Doutorado em Direito Público].

AZEVEDO, Plauto Faraco de. *Crítica à Dogmática e Hermenêutica Jurídica*. Porto Alegre: Safe, 1989.

BAPTISTA, Francisco de Paula. *Compêndio de Hermenêutica Jurídica. in*: Hermenêutica Jurídica. Edição cuidada por Alcides Tomasetti Jr. – São Paulo: Saraiva, 1984.

BETTI. Emilio. *Interpretazione della legge e degli atti giuridici: teoria generale e dogmatica*. Milano: A. Giuffrè, 1949.

BONFANTE, Pietro. *Historia Del Derecho Romano*. Trad. José Santa Cruz Tejeiro. Madri: Editorial revista de Derecho Privado, 1944, v. 1.

BORGEOIS, Bernard. *O Pensamento Político de Hegel*. Trad. Paulo Neves da Silva. São Leopoldo; UNISINOS, 2002.

BOSON, Gérson de Brito Melo. *Filosofia do Direito: Interpretação Antropológica*. 2. ed. Belo Horizonte: Del Rey, 1996.

CHAMOUN, Ebert. *Instituições de Direito Romano*. 5 ed. Rio de Janeiro: Forense, 1968.

CICERO, Marco Túlio. *Leis – Livro I*. [Grandes Filósofos do

Direito. Clarence Morris (org.); tradução Reinaldo Guarany.]. São Paulo: Martins Fontes, 2002.

COULANGES, Foustel de. *A Cidade Antiga*. Trad. Jean Melville. Rio de Janeiro: Ediouro, 1996.

CUNHA, Paulo Ferreira da. *Retórica e Hermenêutica nas Origens do Direito*. Disponível em <http://www.hottopos.com/videtur17/pfc_retdir.htm> Acesso em: fevereiro de 2004.

DAVID, René. *Os Grandes Sistemas do Direito Contemporâneo*. Trad. Hermínio A. Carvalho. São Paulo: Martins Fontes, 1986.

DEL VECCHIO, Giorgio. *Lições de Filosofia do Direito*. Trad. Antônio José Brandão. Coimbra: Armênio Amado, 1979.

DEL VECCHIO, Giorgio. *Princípios Gerais do Direito*. Trad. Fernando de Bragança. Belo Horizonte: Líder, 2002.

DINIZ, Márcio Augusto de Vasconcelos. *Interpretação no Direito Romano*. Disponível em: <www.pgmfortaleza.ce.gov.br/artigos/vol6/vol06artigo11.htm>; acesso em: fev. 2004.

DINIZ, Márcio Augusto de Vasconcelos. *O Princípio do Poder no Direito Público Romano e sua efetivação no Direito Público Moderno*. Belo Horizonte: Universidade Federal de Minas Gerais: 2004. [Tese de Doutorado].

FERRAZ JÚNIOR, Tércio Sampaio. *Introdução ao Estudo do Direito*; técnica, decisão, dominação. 2. ed. São Paulo: Atlas, 1996.

FERREIRA, Mariá Aparecida Brochado. *Consciência Moral e Consciência Jurídica*. Belo Horizonte, Mandamentos, 2002.

FERREIRA, Mariá Aparecida Brochado. *Direito e Ética:* a eticidade do fenômeno jurídico. São Paulo: Landy, 2006.

FRANÇA, Rubens Limongi. *Brocardos Jurídicos*; as regras de Justiniano. 4. ed. São Paulo: RT, 1984.

GADAMER, Hans-Georg. *Verdade e Método:* traços fundamentais de hermenêutica filosófica. Trad. Cláudio Paulo Meurer. Petrópolis: Vozes, 1998.

GALUPPO, Marcelo Campos. *Igualdade e Diferença.* Belo Horizonte: Mandamentos, 2002.

GARCIA MAYNEZ, Eduardo. *Introduccion al Estúdio del Derecho.* 21 ed. México: Porrua, 1973.

GILISEN, John. *Introdução Histórica ao Direito.* 4 ed. Lisboa: Calouste Gulbenkian, 2003.

GRAU, Eros. *Direito Posto e Direto Pressuposto.* 5. Ed. São Paulo: Malheiros, 2007.

GRONDIN, Jean. *Introdução e Hermenêutica Filosófica.* Trad. Benno Dischinger. São Leopoldo: Ed. Unisinos, 1999.

GUARINO, Antonio. *Storia del Diritto Romano.* 4. Ed. Riveduta. Napoli: Eugenio Jovene, 1969.

HEGEL, G. W. F., *Fenomenologia do Espírito.* Trad. Paulo Menezes. 4. ed. Petrópolis: Vozes, 2007.

HEGEL, G.F.W. *Princípios da Filosofia do Direto.* Trad. Orlando Vitorino. São Paulo: Martins Fontes, 2000.

HORTA, José Luiz Borges. *Horizontes Jusfilosóficos do Estado de Direito.* Faculdade de Direito da UFMG. Belo Horizonte, 2001. [Tese de Doutorado em Filosofia do Direito].

IHERING, Rudolf von. *El Espiritu del Derecho Romano.* [Versão em Espanhol, autorizada pelo autor, de Enrique Principe y Satrenes].5 ed. Madri: Casa Editorial Bailly-Bailliere, 1957.

JUSTINIANUS, Flavius Petrus Sabbatius. *Institutas do* Imperador *Justiniano*; manual didático para uso dos estudantes de direito de Constantinopla, elaborado por ordem do imperador Justiniano, no ano de 533 d.C. Trad. José Cretella Jr. e Agnes

Cretella. São Paulo: Editora Revista dos Tribunais, 2000.

KANT. *La Metafísica de los Costumbres*. Madri: *Tecnos*, 1994.

KELSEN, Hans. *Teoria Pura do Direito*. Trad. João Baptista Machado. São Paulo: Martins Fontes, 1999.

LAGES, Affonso Teixeira. *Aspectos do Direito Honorário*. Belo Horizonte: Imprensa Oficial, 1949.

MAFRA, Johnny José. *Textos de Latim Jurídico*: organização, tradução e estudos. Belo Horizonte: Ed. UFMG, 1985.

MARCUS AURELIUS. *Meditações* – texto integral. Trad. Alex Marins. São Paulo: Martin Claret, 2001.

MARKY, Thomas. *Curso Elementar de Direito Romano*. São Paulo: Saraiva, 1988.

MARTINO, Francesco. *La Giurisdizione nel Diritto Romano*. Padova: CEDAM, 1937.

MATA MACHADO, Edgar Godói da. *Elementos de Teoria Geral do Direito*. Belo horizonte; Ed. UFMG, 1995.

MAXIMILIANO, Carlos. *Hermenêutica e aplicação do Direito*. 8 ed. São Paulo: Freitas Bastos, 1965.

MEGALE, Maria Helena Damasceno e Silva. *Hermenêutica Jurídica:* interpretação das leis e dos contratos. Belo Horizonte: Faculdade de Direito da UFMG, 2001. [Tese, Doutorado em Filosofia do Direito].

MEIRELES, Cecília. *Romanceiro da Inconfidência*. Rio de janeiro: Ed. Civilização Brasileira, 1977.

MENEZES, Djacir. *Introdução à Ciência do Direito*. 4. ed. Rio de Janeiro: Freitas Bastos. 1964.

MONCADA, Luís Cabral de. *Elementos de História do Direito Romano*: fontes e instituições. Coimbra: Coimbra Editora, 1923.

MONTESQUIEU, Charles de Secondat, Barão de. *Considerações*

sobre as causas da grandeza dos romanos e da sua decadência. Trad. Pedro Vieira Mota. São Paulo: Saraiva, 1997.

PALMER, Richard. *Hermenêutica.* Trad. Maria Luiza Ribeiro Ferreira. Lisboa: Edições 70, 1986.

PEIXOTO, José Carlos de Matos. *Curso de Direito Romano* – Tomo I: parte introdutória e geral. 4 ed. Rio de Janeiro: Renovar, 2000.

PEREIRA, Rodolfo Viana. *Hermenêutica Filosófica e Hermenêutica Constitucional.* Belo Horizonte: Del Rey: 2001.

PESSOA, Leonel Cesarino. *A Teoria da Interpretação de Emilio Betti*; contribuição à história do pensamento jurídico moderno. Porto Alegre: Safe, 2002.

PETIT, Eugene. *Tratado Elemental de Derecho Romano*; desarolo histórico y exposicion general de los princípios de la legislacion romana desde el origen de Roma hasta el Emperador Justiano. Pref. Rudolf von Jhering. Trad. Jose Fernandez Gonzales. Buenos Aires: Albatroz, 1951.

PINTO COELHO, Saulo de Oliveira. *O Direito Romano na Filosofia do Direito*: permanência e atualidade da jurisprudência romana como elemento suprassumido na jusfilosofia brasileira contemporânea. Belo Horizonte: Universidade Federal de Minas Gerais, 2007. [Dissertação de Mestrado em Filosofia do Direito].

PINTO COELHO, Saulo de Oliveira. Razoabilidade e Decisão. In: *O Sino do Samuel*: jornal da Faculdade de Direito da UFMG. n. 69. ano IX. Belo Horizonte: Universidade Federal de Minas Gerais; set.-nov., 2003.

RAMALHO, Barão de. *Cinco Lições de Hermenêutica Jurídica. in*: Hermenêutica Jurídica./ed. Cuidada por Alcides Tomasetti Jr.

– Sâo Paulo: Saraiva, 1984.

REALE, Miguel. *Filosofia do Direito.* 20 ed. São Paulo: Saraiva, 2002.

REALE, Miguel. *Horizontes do Direito e da História.* São Paulo: Saraiva, 1977.

REALE, Miguel. Invariantes Axiológicas. *Revista Brasileira de Filosofia.* Vol. XXXIX; fasc. 167. São Paulo, jul.-set., 1992, p. 224-293.

REALE. Miguel. *A nova fase do Direito Moderno.* São Paulo: Saraiva, 1990.

RICOEUR, Paul. *Teoria da Interpretação.* Trad. Artur Mourão. Lisboa: Edições 70, 1976.

SALDANHA. *Sociologia do Direito,* 5. ed. Rio de Janeiro: Renovar, 2005.

SALDANHA, Nelson Nogueira. *Teoria do Direito e Crítica Histórica.* Rio de Janeiro: Freitas Bastos, 1987.

SALGADO, Joaquim Carlos. [Discurso]. *Homenagem ao professor e desembargador Afonso Teixeira Lages.* Belo Horizonte: Assembléia Legislativa do Estado de Minas Gerais, out. 2000, p. 15-24.

SALGADO, Joaquim Carlos. *A Experiência da Consciência Jurídica em Roma.* Belo Horizonte: Movimento Editorial, 2001.

SALGADO, Joaquim Carlos. *A idéia de justiça em Hegel.* São Paulo: Loyola, 1996.

SALGADO, Joaquim Carlos. *A Idéia de Justiça em Kant:* seu fundamento na Liberdade e na igualdade. Belo Horizonte: Ed. UFMG, 1995.

SALGADO, Joaquim Carlos. *A Idéia de Justiça no Mundo Contemporâneo:* fundamentação e aplicação do direito como *maximum* ético. Belo Horizonte: Del Rey, 2006.

SALGADO, Joaquim Carlos. *Ancila Juris*. In: *Revista da Faculdade de Direito da Universidade Federal de Minas Gerais* - Nova Fase, n.34, 1994.

SALGADO, Joaquim Carlos. O Aparecimento do Estado na 'Fenomenologia do Espírito de Hegel'. *Revista da Faculdade de Direito da UFMG*. n. 17, 1976, p. 178-193.

SALGADO, Joaquim Carlos. O Estado Ético e o Estado Poiético. *Revista do Tribunal de Contas do Estado de Minas Gerais*, v.24, n.2, abr/jun. 1998.

SALGADO, Joaquim Carlos. Princípios Hermenêuticos dos Direitos Fundamentais. *Revista da Faculdade de Direito da UFMG*. Nova fase. n. 34 p. 245-266. Belo Horizonte, 2001.

SALGADO, Ricardo Henrique Carvalho. *Hermenêutica Filosófica e Aplicação do Direito*. Belo Horizonte: Del Rey, 2006.

SCHLEIERMACHER, Friedrich. D. E. *Hermenêutica*: arte e técnica da interpretação. 5. ed. Trad. Celso Reni Braida. Bragança Paulista: Editora São Francisco, 2006.

SILVA, João Batista. *Processo Romano: instrumento de eficácia jurisdicional*. Belo Horizonte: Líder, 2004.

SOARES, Fabiana de Menezes. *Teoria da Legislação*. Porto Alegre: Sergio Antônio Fabris Editor, 2004.

VILLEY, Michel. *Direito Romano*. Trad. Fernando Couto. Porto: Rés Jurídica, 1991.

LAECC

Laboratório Americano de Estudos Constitucionais Comparados

www.ingramcontent.com/pod-product-compliance
Ingram Content Group UK Ltd.
Pitfield, Milton Keynes, MK11 3LW, UK
UKHW021231031026
15588UKWH00001B/26

9 786588 563274